荀子

中华国学经典精粹

[战国]荀子 著
徐艳华 译

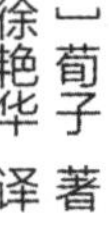

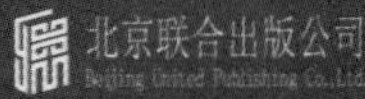

图书在版编目（CIP）数据

荀子 /（战国）荀子著；徐艳华译 . -- 北京：北京联合出版公司，2015.7（2020.8 重印）

（中华国学经典精粹）

ISBN 978-7-5502-4369-9

Ⅰ . ①荀… Ⅱ . ①荀… ②徐… Ⅲ . ①儒家 ②《荀子》—通俗读物 Ⅳ . ① B222.6-49

中国版本图书馆 CIP 数据核字（2014）第 313648 号

荀子

作　　者：荀　子
责任编辑：崔保华
封面设计：颜　森

北京联合出版公司出版
（北京市西城区德外大街 83 号楼 9 层　100088）
北京华夏墨香文化传媒有限公司发行
三河市东兴印刷有限公司印刷　新华书店经销
字数 130 千字　880 毫米 ×1230 毫米　1/32　5 印张
2019 年 5 月第 3 版　2020 年 8 月第 9 次印刷
ISBN 978-7-5502-4369-9
定价：36.00 元

前言

荀子本名况，又号荀卿，是战国后期著名的思想家、文学家，也被认为是继孟子之后的又一位儒家思想的集大成者，是儒家学派代表人物之一，其确切生卒年月早已无法考据，大约生活在公元前298年至公元前238年之间。

荀子不仅仅集儒家思想之大成，更兼采道家、墨家、名家、法家等诸家学说中的精华，并在人性、礼法、人的社会地位、名与实之间的关系上，形成了创造性的、带有极强个人色彩的思想观点。郭沫若将《荀子》一书与《孟子》《庄子》《韩非子》并列，称这四部作品为“孟文的犀利，庄文的恣肆，荀文的浑厚，韩文的峻峭，单拿文章来讲，实在是各有千秋”，足见荀子文风之特色。

荀子思想中最具特色的，是他对于人性的观点和看法，甚至成为其整个思想体系形成和发展的基础。在这一点上，荀子与他的前辈孟子有着截然相反的观点主张。

在人性的问题上，孟子主张人的天性是善良的，概括起来就是“人之初，性本善”，而荀子主张“性恶论”，认为人们日常所表现的追名逐利、嫉贤妒能等行为，都是人的本性的体现，都是恶的。这些所谓的“欲望”，都是与建立“善”的价值观相对立的，是导致社会走向混乱的重要因素。所以，他提倡统治者以“德政”“教化”的手段来实现对人本性的改造，培养出符合社会礼法规范、遵行礼法道义的真正的“人”，并强调法制在此过程中的重大作用。而这种倡导法制作用的观点，是《荀子》中最受后世儒学家诟病的地方，但也恰恰是荀子思想中的独特之处。

值得注意的是，在对于“礼”的理解上，荀子也与两位前辈孔子和孟子有着较大的不同。在孔子看来，所谓“礼”也就是西周时期的文明，表现出的是对过去的留恋和向往。而孟子的“礼”是建立在“人性本善”的基础之上的，强调源自人内心的自觉，以及自我的道德修养。而荀子则提出“隆礼”的观点，重视“礼”对于社会安定的作用，并结合“人性本恶”这个前提，加入了一些法家的思想主张，将“重法”与“隆礼”放在同等重要的位置上。

虽然荀子认为“人性本恶”，但他认为人区别于动物的最大特征就是人有智慧，能够借用智慧的力量来摆脱自身的“恶”，从而达到“善”的美好境界。并且，荀子还认为自然界中存在着三种伟大的力量，也就是所谓的天、地、人，这三种力量同等重要却又各司其职，并且只有当三者各司其职的时候，才能为人类谋得最大的利益。这也就是《天论》中所提到的“天有其时，地有其财，人有其治”的思想。这种思想主张，为中国古代“天人”学说的形成做出了重大贡献，也是其思想中最有价值的一部分。

除此之外，荀子还就“名”与“实”的关系提出了自己的理论主张。所谓“名”与“实”，其实就是“具象”与“抽象”“虚幻”与“现实”“概念”与“实在”之间的关系，也是先秦诸子中论述非常多的一组关系。而荀子正处在战国后期，动荡的社会现实让他对这组关系有了更为深刻的理解和感受，所以，他才在《正名》篇中，从伦理意义的角度进行了深刻的解读，在正反的对比中，彰显了“正名”对于维护正常社会秩序的重要作用。

荀子的作品原是以单篇形式流传的，并没有被辑录成书，西汉时期，刘向从单篇流传的三百二十三篇据传的荀子著作中，删去重复，选择三十二篇，编成十二卷，并取名为《孙卿新书》（汉代人避汉宣帝的讳，改“荀卿”为“孙卿”）。而《荀子》之名最早出现，则是在唐人杨倞注解《孙卿新书》之后。经过杨倞的注解和调整，才形成了如今我们所见到的这个版本，篇目包括《天论》《礼论》《解蔽》《正名》《劝学》《修身》《非十二子》《非相》等，涉及哲学、政治、治学、立身、学术等多个方面。虽然名为《荀子》，但实际上并非全部为荀子的作品，也有部分篇目是荀子弟子的作品，甚至是汉代儒生的杂录。

本书参照清人王先谦的《荀子集解》，同时参考上海古籍出版社出版的《荀子译注》中的注释和译文。由于参考版本的不同，难免存在注释及翻译上的不当或错讹之处，敬请读者朋友批评指正。

目录

一、劝学

【原文】

君子曰：学不可以已。青，取之于蓝[①]而青于蓝；冰，水为之而寒于水。木直中绳，𫐓[②]以为轮，其曲中规，虽有槁暴[③]，不复挺者，𫐓使之然也。故木受绳则直，金就砺[④]则利。君子博学而日参省[⑤]乎己，则知明而行无过矣。

【注释】

①蓝：即“蓼（liǎo）蓝”，一年生的草本植物，叶子可供提炼深蓝色有机染料靛蓝。

②𫐓（róu）：通“煣”，指通过用火熏烤的办法让木料弯曲。

③槁暴（gǎo pù）：像火烤一样地晒。槁，通“熇”，烤。暴，通“曝”，晒。

④砺：砥砺，这里指的是磨刀石。

⑤参省：反省、检查。

【译文】

君子说：学习是不可以停止的。靛蓝，是从蓝草中萃取出来的，却比蓝草的蓝色更青；冰，是由水结晶而成，却比水更加寒冷。木材平直是因为有墨线给它做标准，如果用火烤弯，就可以用来制作车轮，弯曲后的木材是符合圆的标准的，即便是受到烈日曝晒，木材也不会重新变得笔直，这是因为它已经经过了火烤等加工过程。所以，木材有了墨线做标准，才能变得更加笔直，刀剑经过磨刀石的打磨，才能变得锋利。君子学识渊博，还要每天不断地反省自己，才能变得更加聪明，行为上也不会出现什么过错了。

【原文】

故不登高山，不知天之高也；不临深谿，不知地之厚也；不闻先王之遗言，不知学问之大也。干[①]、越、夷[②]、貉[③]之子，生而同声，长而异俗，教使之然也。《诗》曰："嗟尔君子，无恒安息。靖共尔位，好是正直。神之听之，介尔景福。"神莫大于化道，福莫长于无祸。

【注释】

①干：同"邗"，古代诸侯国，位于今江苏扬州东北，春秋时为吴国所灭，此指代吴国。

②夷：对我国古代居住在东部地区少数民族的一种泛指。

③貉（mò）：通"貊"，是对我国古代居住在东北部民族的一种泛指。

【译文】

所以，不登上高山的山顶，就不可能知道天到底有多高；不亲自潜入深涧，就不可能知道大地到底有多厚；不亲耳聆听先王留下来的话，就不可能知道学问到底有多么广博高深。生活在吴国、越国、东夷、北貉一带的人民，刚刚生下来的时候，啼哭的声音都是一样的，在长大后才有了不同的风俗习惯，是教育让他们有了如此的不同。《诗经》上说："君子啊，不要总是想着过安定的生活。态度恭谨地对待自己的本职工作，爱好正直之道。如果神明听到了你所做的这一切，就会把巨大的幸福赐给你。"没有比接受道德教化更大的神明，也没有比无灾无祸更长远的福分了。

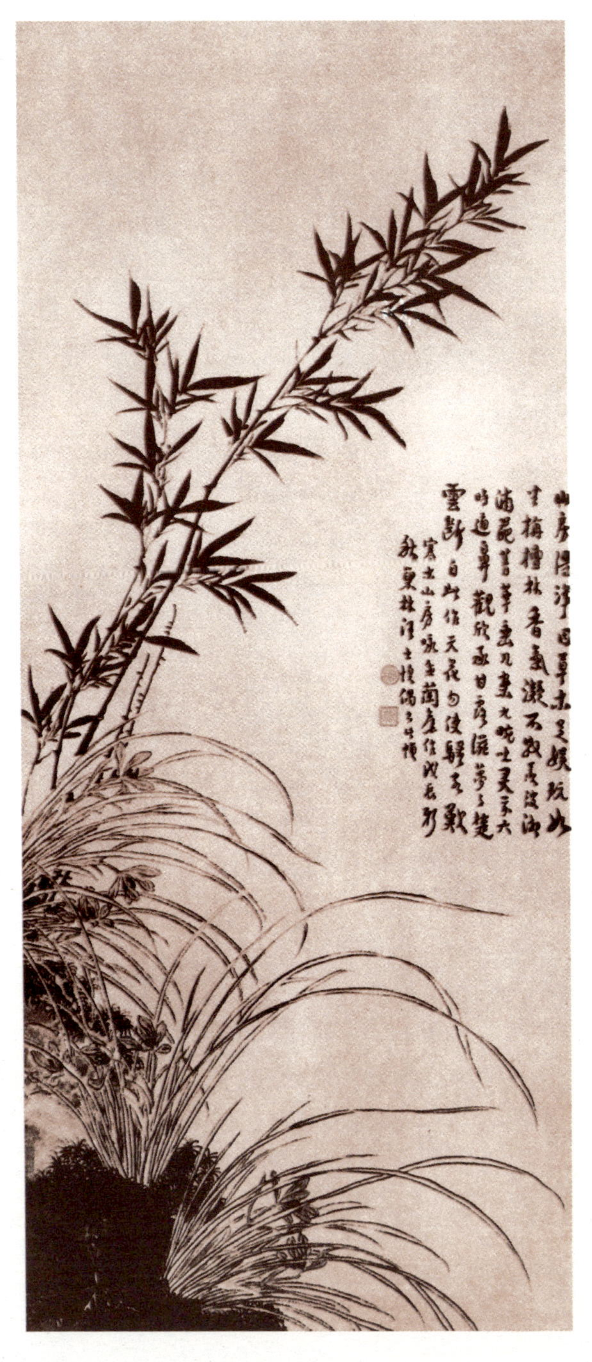

君子生非异也，善假于物也。

【原文】

吾尝终日而思矣，不如须臾[1]之所学也；吾尝跂[2]而望矣，不如登高之博见也。登高而招，臂非加长也，而见者远；顺风而呼，声非加疾也，而闻者彰[3]。假[4]舆马者，非利足也，而致千里；假舟楫者，非能水也，而绝[5]江河。君子生非异也，善假于物也。

【注释】

①须臾：形容非常短暂的一段时间。

②跂：通“企”，指踮起脚跟的样子。

③彰：鲜明的样子，这里是“使……鲜明”的意思。

④假：假借、借助。

⑤绝：渡河。

【译文】

我曾经整天都在思索，却发现以思索得到的知识，没有片刻之间学到的知识多；我曾经长时间地踮起脚尖遥望远方，却发现用这种方法并不如登到高处看得广阔。登到高处招手，手臂并没有加长，却能让远处的人看到；顺着风刮过的方向呼喊，声音并没有比原来更大，却能让远处的人听得很清楚。借助车马远行的人，并不是凭借自己的双脚，却能够到达千里之外的地方；借助舟船远行的人，并不都是善于游泳的人，却能横渡江河。君子的本性跟平常人并没有什么不同，只是因为他们善于借助外在的力量实现目的罢了。

【原文】

南方有鸟焉，名曰蒙鸠，以羽为巢而编之以发，系之苇、苕[1]。风至苕折，卵破子死。巢非不完也，所系者然也。西方有木焉，名曰射干[2]，茎长四寸，生于高山之上而临百仞[3]之渊；木茎非能长也，所立者然也。蓬生麻中，不扶而直。白沙在涅[4]，与之俱黑。兰槐[5]之根是为芷。其渐之滫[6]，君子不近，庶人不服，其质非不美也，所渐者然也。故君子居必择乡，游[7]必就士，所以防邪僻而近中正[8]也。

【注释】

①苕（tiáo）：古代对芦苇花穗部分的一种称呼。

②射（yè）干：草本植物，其根可入药，茎细长，多在山崖间生长，外形上看像树木。

③仞（rèn）：古代表示高度和深度的计量单位。在周代，一仞相当于七尺或八尺，一尺相当于今二十三厘米。

④涅（niè）：古代一种用来织染的黑色染料。

⑤兰槐：一种香草名，又叫白芷，花白，味香，幼苗称“兰”，根称“芷”。

⑥滫（xiǔ）：原意指淘米水，这里指发酵了的臭水。

⑦游：指古代读书人为了增长知识和见识而到外边结交有才学的人。

⑧中正：指正确而恰当的事物。

【译文】

南方有一种叫作“蒙鸠”的鸟，它用自己的羽毛做巢，又用毛发细细编织，并将它系在芦苇、茅草等植物的茎上。结果风把草茎吹折了，系在草茎上的鸟巢也随风坠落，鸟蛋连同孵化的小鸟都死了。这不是鸟窝编织得不好，而是它所系的东西决定了这样的结果。西方有一种草，名叫射干，它的草茎有四寸高，生长在高山上，面对百丈的深渊；之所以如此，不是因为它的茎能长这么高，而是它立在了高山上。蓬草生长在麻地里，即使没有外力的扶持，也能直立地生长。如果白沙混进了黑色的淤泥里，就会变得与淤泥一样黑。兰槐芳香的根叫白芷。但如果把它的根浸在臭水里，就会让君子不敢靠近，常人也不愿把它佩戴在身上，这并不是因为它的本质变得不再美好，而是因为被脏水浸泡的结果。所以，君子定居的时候一定要选择适合的人做邻居，出去游玩一定要亲近有德行的人，就是要防止受到邪恶的熏染，能够接近正确恰当的思想。

【原文】

积土成山，风雨兴焉；积水成渊，蛟龙生焉；积善成德，而神明①自得，圣心备焉。故不积跬步②，无以致千里；不积小流，无以成江海。骐骥一跃，不能十步；驽马十驾③，功在不舍。锲而舍之，朽木不折；锲而不舍，金石可镂。螾④无爪牙之利，筋骨之强，上食埃土，下饮黄泉，用心一也。蟹六跪而二螯，非蛇蟺之穴无可寄托者，用心躁也。是故无冥冥⑤之志者无昭昭⑥之明，无惛惛之事者无赫赫之功。行衢道⑦者不至，事两君者不容。目不能两视而明，耳不能两听而聪。螣蛇⑧无足而飞，鼫鼠⑨五技而穷。《诗》曰："尸鸠在桑，其子七兮。淑人君子，其仪一兮。其仪一兮，心如结兮。"故君子结⑩于一也。

【注释】

①神明：指积累善行所能达到的最高境界。

②跬步：指行走过程中两脚之间的距离，也就是今天所谓的"一步"，古人称之为"半步"。步，古人称左右脚交替向前迈出一下所走出的距离，相当于今天所说的两步。

③十驾：指十天所走的路程。古代马车一般是早晨套车，晚上卸车，早晨的套车叫作"驾"，所以这里的"驾"也就是指马车一天所走的路程。

④螾（yǐn）：蚯蚓。

⑤冥冥：形容昏暗不明的样子，与下文的"惛（hūn）惛"

同义。

⑥昭昭：形容清楚、明白的样子，与下文的“赫赫”同义。

⑦衢道：歧路。

⑧螣（téng）蛇：一种存在于古代神话传说中能飞的蛇。

⑨鼫（shí）鼠：一种专门以农作物为食的老鼠，据说具备五种生存技能。

⑩结：形容凝结在一起不散开的样子，喻指坚定不移、专心致志的样子。

【译文】

土石堆积在一起形成高山，风雨就能从这里兴起；水积聚得多了形成水潭，蛟龙就能从中诞生；积累小的善行养成高尚的品德，渐渐就形成了高深的智慧，从而具备圣人的精神境界。所以，不积累一步半步的行程，就没有办法到达千里之外的地方；不积累细小的源流，就没有办法汇成江海。千里马再快，也无法做到一步相当于平时十步的距离；劣马走十天也能走得很远，这是因为它能不停地走。如果刻一刀就停下来，即使是腐朽的木头也无法刻断；如果能坚持不懈地刻下去，即使是金石那样坚硬的物体，也能被雕刻成美好的东西。蚯蚓并没有锋利的爪子和牙齿，也没有强壮的骨骼，却能向上吃到泥土，向下饮到甘甜的泉水，这是因为它用心专一的缘故。螃蟹有六只脚和两只大钳子，离开了蛇、鳝的巢穴却无法存身，是它用心浮躁不专一的缘故。所以，没有专一刻苦的精神，就不能保持清明的智慧；没有付出艰苦卓绝的努力，就不会取得巨大的成就。在歧路上徘徊不前的人不会到达目的地，同时效忠于两个君主的臣子最终会遭到两方的遗弃。人的眼睛不会同时关注两种东西还能看得明白，人的双耳也不会同时关注两种声音还能听得很清楚。螣蛇没有脚但能腾空飞起，拥有五种生存技能的鼫鼠却常常处于穷境。《诗经》中说：“将鸟巢搭在桑树上的布谷鸟，公平如一地养育着它的七个孩子。贤德的君子，他们的行为也始终坚定如一。坚定专一而不有所偏私，思想才会变得如磐石一样坚硬。”所以说，君子们一定要保持坚定专一的品质。

【原文】

学恶乎始？恶乎终？曰：其数则始乎诵经，终乎读礼[①]；其义则始乎为士，终乎为圣人。真积力久则入，学至乎没[②]而后止也。故学数有终，若其义则不可须臾舍也。为之，人也；舍之，禽兽也。故《书》[③]者，政事之纪也；《诗》[④]者，中声[⑤]之所止也；《礼》者，法之大分[⑥]，类之纲纪也。故学至乎《礼》而止矣！夫是之谓道德之极。《礼》之敬文[⑦]也，《乐》[⑧]之中和也，《诗》、《书》之博也，《春秋》[⑨]之微[⑩]也，在天地之间者毕矣。

【注释】

①礼：是后代人对流传于春秋战国时期的部分礼制内容的汇编，今存十七篇。

②没（mò）：通“殁”，死亡。

③《书》：即《尚书》，是对上古时期历史文献内容的汇编。

④《诗》：即《诗经》，是我国现存最早的一部诗歌总集。

⑤中声：这里指的是音律和谐的音乐。

⑥大分（fèn）：纲领、要领的意思。

⑦文：原意为文采、花纹等，此处引申为古代的礼仪制度，包括等级车制、旗章、服饰以及各种礼节仪式等。

⑧《乐》：即古代“六经”之一的《乐经》，据称是《诗经》内容的乐谱，秦之后亡佚。

⑨《春秋》：即由春秋时期鲁国史官编写的编年体史书，据说曾经孔子之手修订过。

⑩微：即文字之下精深、隐微的意思，这里指的是史书《春秋》中所用的“微言大义”的写作手法，是用隐喻的方式表达对时事的褒贬。

【译文】

学习应该以何处为起点，又以何处为结束呢？答案是：从学习方法上说，应该起始于诵读经文，结束于对礼法的研究；从学习意义上讲，则是开始于有志之士，在成为圣人的时候结束。其中最为深奥的部分，是需要通过长期的积累才能探索出来的，要学到生命结束的那一刻才可以停止。所以，虽然诵读经典的过程会随着生命的结束而终止，但成为圣人的人生追求，不可以出现一丝懈怠。毕生好学，也就能始终成为人；放弃学习，则与禽兽没什么分别。《尚书》是有关政治的记事；《诗经》代表了中和之声的最高成就；《礼记》是法律的根本，是各种事物的总纲领。所以，只有学到《礼记》才算达到了最高境界。这可称得上是道德之极境。《礼记》敬重的是礼仪，《乐经》表达的是中和，《诗经》、《尚书》表现的是知识的广博，《春秋》表现的是微言大义，它们囊括了天地间所有的大学问。

二、修身

【原文】

见善，修然[①]必以自存也；见不善，愀然[②]必以自省也。善在身，介然[③]必以自好也；不善在身，菑然[④]必以自恶也。故非我而当者，吾师也；是我而当者，吾友也；谄谀我者，吾贼也。故君子隆师而亲友，以致恶其贼。好善无厌[⑤]，受谏而能诚，虽欲无进，得乎哉！小人反是，致乱而恶人之非己也，致不肖而欲人之贤己也，心如虎狼、行如禽兽而又恶人之贼己也。谄谀者亲，谏争[⑥]者疏，修正为笑，至忠为贼，虽欲无灭亡，得乎哉！《诗》曰："噏噏呰呰[⑦]，亦孔之哀。谋之其臧，则具是违；谋之不臧，则具是依。"此之谓也。

【注释】

①修然：形容很整齐的样子。

②愀（qiǎo）然：形容内心忧惧伤心的样子。

③介然：形容坚定、坚固的样子。

④菑（zāi）然：形容自身处在灾难之中的状态。

⑤厌：通"餍"，指得到满足。

⑥争：通"诤"，即谏诤，也就是直言对方的过错，促使人积极改正。

⑦噏（xī）噏呰（zī）呰：很多人在一起说话诋毁别人。噏噏，形容很多人附和着说话的样子。呰呰，说别人的坏话。

【译文】

见到善行，就要恭谨自查，检视自己是否具备这种德行；见到不善的行为，就要惊心警惕，检讨自己是否也有这种行为。身上具备了美好的德行，就要一心一意地坚守下去；身上染上了不良的行为，就要如同远离灾害一样地厌弃它。所以，诚恳地指出我的缺点的人，是可以做我老师的人；对我既能积极肯定又能恰当赞赏的人，是可以做我朋友的人；只一味对我阿谀奉承的人，是害我的贼寇。所以，君子所做的是尊敬可以做老师的人，友善可以做朋友的人，对于贼寇则深恶痛绝。对美好德行的追求永不满足，听到别人的劝谏就能立刻警惕，这样做就是想不进步也做不到啊！小人恰恰相反，自己任性而为却痛恨受到别人的批评，自己没有才德却希望别人称赞自己贤能，内心如虎狼一样狠毒，行为像禽兽一样无定，却厌恶别人视其为只会谄媚的贼寇。亲近善于逢迎的人，疏远肯直言相谏的人，把纠正自己错误行为的话看成是在讥笑自己，将别人的忠诚行为看作是对自己有害，这样的人不想灭亡也做不到啊！《诗经》中说："与阿谀奉承的人一拍即合，对衷心敢谏者百般诋毁，真是莫大的悲哀。好的意见全部不予理会，不好的意见却件件依从。"所说的就是这种人。

【原文】

扁①善之度，以治气养生则后彭祖②；以修身自名则配尧、禹。宜于时通，利以处穷，礼信是也。凡用血气、志意、知虑，由礼则治通，不由礼则勃乱提僈③；食饮、衣服、居处、动静，由礼则和节，不由礼则触陷生疾④；容貌、态度、进退、趋行，由礼则雅，不由礼则夷固僻违⑤、庸众⑥而野。故人无礼则不生，事无礼则不成，国家无礼则不宁。《诗》曰："礼仪卒度，笑语卒获。"此之谓也。

【注释】

①扁：通"遍"，普遍。

②彭祖：传说中一位生活在尧帝时代的长寿之人，据说活了八百岁。

③提僈：形容松懈怠慢的样子。

④触陷生疾：指人的任何举动都存在毛病。

⑤僻违：指人态度不端正的样子。

⑥庸众：庸俗不堪的样子。

【译文】

君子有无往而不善的法则，用它来治气养生、调养身体，能让自己的寿命赶上彭祖；用它来修养自己的品德，那么会让自己的名声媲美于尧帝、禹帝。利用这个法则，既能适应显达的顺境，也能适应窘迫的逆境，这是由礼和信决定的。在运行气血、意志、智慧、思虑的时候，遵从礼法的规范，就能得到通达顺畅的结果，不遵从礼法规范，就会产生错乱谬误的结果；吃饭穿衣、言谈举止，遵从礼法的规范，就会显得适当而和谐，不遵从礼法的规范，就会一举一动都出差错。人的容貌、态度、进退、快慢行走，遵从礼法就能变得优雅，不遵从礼法就会显得粗野而傲慢、固执而偏邪。所以，人没有礼法的规范就无法生存，做事情不遵从礼法规范就办不成，国家不遵从礼法规范就不会安宁。《诗经》上说："如果礼仪能合乎法度，言谈笑语就会得当。"说的就是这个意思。

【原文】

治气养心之术：血气刚强，则柔之以调和；知虑渐深①，则一之以易良②；勇胆猛戾③，则辅之以道顺④；齐给便利⑤，则节之以动止；狭隘褊小⑥，则廓之以广大；卑湿、重迟、贪利，则抗⑦之以高志；庸众驽散，则劫之以师友；怠慢僄⑧弃，则炤⑨之以祸灾；愚款端悫⑩，则合之以礼乐，通之以思索。凡治气养心之术，莫径由礼，莫要得师，莫神一好。夫是之谓治气养心之术也。

【注释】

①渐深：指人因城府太深而使得胸怀不够开阔的样子。

②易良：指人态度平易且和善的样子。

③猛戾：指人乖张、乖戾的处事态度。

④道顺：依顺、依从，不敢逾越规定。

⑤齐给便利：形容敏捷迅速的样子。齐、给、便、利，这四个字意义相同，属于同义词的叠用。

⑥褊（biǎn）小：指人心胸狭小、度量不大的样子。

⑦抗：举起。

⑧僄（piào）：指人轻薄、轻狂的样子。

⑨炤（zhào）：通“昭”，清楚的意思。

⑩愚款端悫（què）：指人忠厚老实的性情，也就是老实人。愚，简单、纯朴的样子。款，诚实的样子。端，态度端正的样子。悫，谨慎的样子。

【译文】

治气养生、调养身体的方法是：对于血气方刚的人，就要用平心静气的办法去加以调和；对于思虑过于深沉复杂的人，就要用平易和善的态度去感化他；对于胆大勇猛且性格乖张的人，就要用顺势开导的办法去辅助他；对于口快心直、性情急躁的人，就要用动静结合、有张有弛的举止去节制他；对于胸襟狭隘、气量狭小的人，就要用开阔的思想来开导他；对于自私卑下、贪图小利的人，就要用高远的目标去提升他的眼光；对于低俗平庸、散漫低能的人，就要用良师益友般的行动去改造他；对于轻浮怠慢而又自甘堕落的人，就要用可能招致的灾祸警醒他；对于朴实得近乎愚钝而又端庄得近乎拘谨的人，就要用礼乐的力量去感召他，用激励探索的办法去开导他。但凡治气养生、调养身体的办法，最直接的途径是遵从礼法的规范，最关键的是得到良师的帮助，最神妙的是必须一心一意地遵从。这就是所谓治气养生、调养身体的方法了。

【原文】

志意修[①]则骄富贵，道义重则轻王公，内省而外物轻矣。传曰：“君子役物，小人役于物。”此之谓矣。身劳而心安，为之；利少而义多，为之。事乱君[②]而通，不如事穷君[③]而顺[④]焉。故良农不为水旱不耕，良贾不为折阅[⑤]不市，士君子不为贫穷怠乎道。

事乱君而通，不如事穷君而顺焉。

【注释】

①修：《荀子》书中的常用词，指修正、美好的样子。

②乱君：指处在暴乱局面中的大国国君。

③穷君：指处在窘困境况中的小国国君。

④顺：这里指的是顺从道义的规范、要求。

⑤折（shé）阅：指商人亏本销售。折，亏损。阅，售卖。

【译文】

修炼伟大的志向就会傲视富贵，推崇道义的力量就会藐视王侯，注重从内心反省自己就不会为外物所动。古书上说："君子会役使外界的事物，而小人会受到外界事物的役使。"说的就是这个道理。身体劳累但能让内心安详的事情，就应该去做；利益很少但道义更多的事情，就应该去做。通过侍奉乱世昏君来获得显赫的地位，不如侍奉陷入困境的君主而更加顺乎道义。所以，优秀的农民不会因为遭遇了旱涝灾害而放弃耕种，优秀的商人不会因为亏损而放弃经营，士人君子不会因为生活困顿而怠慢了对道义的追求。

【原文】

体恭敬而心忠信，术礼义而情爱人[①]，横行天下[②]，虽困四夷[③]，人莫不贵。劳苦之事则争先，饶乐[④]之事则能让，端悫诚信，拘守而详，横行天下，虽困四夷，人莫不任。体倨固而心势诈[⑤]，术顺、墨[⑥]而精杂污[⑦]，横行天下，虽达四方，人莫不贱。劳苦之事则偷儒[⑧]转脱[⑨]，饶乐之事则佞兑[⑩]而不曲，辟违而不悫，程役而不录，横行天下，虽达四方，人莫不弃。

【注释】

①爱人：即"仁爱"。人，通"仁"。

②横行天下：这里是"广行于天下"的意思。横，表示天下

的广阔。

③四夷：这里是古代中原人民对居住在周围的民族的称呼，北方为“狄”，南方为“蛮”，东方为“夷”，西方为“戎”。这里用来代指国境内的偏远地区。

④饶乐：形容人富足安乐的样子。

⑤势诈：指人势利而又狡诈的样子。

⑥顺、墨：即“慎、墨”，指的是战国时代的两个思想家慎子和墨子。慎子是法家的代表人物，主张“崇法”、“重势”，墨子则提倡节俭。

⑦杂污：原指肮脏的样子，这里指不符合礼义规范的思想主张。

⑧偷儒：指懒惰而又懦弱的人。

⑨转脱：指借口推脱、推诿自己的责任等。

⑩佞兑：指口才好的奸佞小人。兑，通“锐”，快速、迅速的样子。

【译文】

外表看来恭敬而内在表现忠诚，遵守礼仪的规范而内心充满了仁爱，这样的人在天下行走，即使因为不受重用而不得不远走四夷蛮荒之地，也依然能得到人们的敬重。辛苦劳累的事情总是抢先去做，把有利可图、安闲享乐的事情让给别人，始终表现得端庄而又忠诚，遵守礼法而又明察事理，这样的人在天下行走，即使遭受穷困走到四夷蛮荒之地，也依然能够得到人们的信任。表面上看起来傲慢固执而阴险狡诈的人，遵循慎子和墨子的学说但精神上肮脏不堪，这样的人在天下行走，无论到什么地方，也没有人不轻视他。碰上辛苦劳累的事情就迅速逃离，见到有利可图、安闲享乐的事情就毫不谦让，内心邪僻而不知拘谨，一味追求自己的私欲而不知收束，这样的人在天下行走，无论到什么地方，也没有人不摒弃他。

【原文】

礼者，所以正身也；师者，所以正礼也。无礼，何以正身？无师，吾安知礼之为是也？礼然而然，则是情安礼[1]也；师云而云，则是知若师也。情安礼，知若师，则是圣人也。故非礼，是无法也；非师，是无师也。不是师法而好自用，譬之是犹以盲辨色，以聋辨声也，舍乱妄[2]无为也。故学也者，礼法也。夫师，以身为正仪[3]而贵自安[4]者也。《诗》云："不识不知，顺帝之则。"此之谓也。

【注释】

①情安礼：形容是先天的性情安定了"礼"，而非后天的力量教会了它。

②乱妄：指人悖乱而狂妄的状态或行为举止等。

③正仪：正确的仪礼、正确的标准，可引申为"典范"、"榜样"的意思。

④自安：使自己安定下来，使自己安心。

【译文】

所谓礼法，就是用来端正自身行为的；所谓老师，就是用来端正礼法的。如果没有了礼法，还能用什么来端正自己的行为呢？如果没有了老师，我怎么知道礼义是什么样的呢？礼法规定成什么样子就按照什么样子去做，是因为他的天性就安于礼法的规范；老师说的是什么样子就按着什么样子去做，是因为他的智慧与老师一样。让性情安于礼法，让智慧等同于老师，能做到这些就可以称作"圣人"。所以，违背礼法的规范，是无视于礼法的规定；违背老师的指导，就是对老师的无视。不遵从老师和礼法的规定去做，而喜欢自以为是的人，就像是去分辨颜色的盲人，又像是去辨别声音的聋子，除了胡乱地妄说，再也干不出别的事情。所以，学习的根本，就是学习礼法。老师要用自身的行为去解释正确的礼仪，并且重视安守礼法的规范。《诗经》中说："虽然不知道为什么要这样做，然而它是顺应上天安排的自然法则的。"说的就是这个意思。

【原文】

君子之求利也略①，其远害也早，其避辱也惧，其行道理也勇。

君子贫穷而志广，富贵而体恭，安燕②而血气不惰，劳勌③而容貌不枯，怒不过夺，喜不过予。君子贫穷而志广，隆仁也；富贵而体恭，杀势④也；安燕而血气不衰，柬理⑤也；劳勌而容貌不枯，好文⑥也；怒不过夺，喜不过予，是法胜私也。《书》曰："无有作好，遵王之道。无有作恶，遵王之路。"此言君子之能以公义胜私欲也。

【注释】

①略：大致的样子，对事情不斤斤计较的样子。

②安燕：安逸的样子。

③劳勌（juàn）：疲劳、倦怠。

④杀（shài）势：指不仗势欺人的样子。杀，减弱。

⑤柬理：选择合适的礼义规范。柬，挑选、选择。

⑥好文：指君子注重对礼义的遵守。文，礼义规范、礼仪。

【译文】

君子在谋取利益时并不热心，能及早地躲避灾祸，能够心怀恐惧地避免耻辱，对于道义所在，又极其勇毅去担当。君子即使处在困窘贫苦的环境中，也会坚持远大的志向，在生活富足的时候仍表现得恭顺有礼，即使生活安逸也不会有所轻慢懈怠，即使疲倦了也不会表现出无精打采的神态，即使盛怒之下也不会过分处罚别人，喜悦的时候也不会过于奖赏别人。君子生活窘困而志向远大，是出于对仁爱的尊崇；君子身处富足的生活中仍表现谦恭，是因为他不以势骄人；生活安逸时不轻慢懈怠，是因为他按着礼法的规范去做；疲倦的时候不会无精打采，是因为他注重礼仪；盛怒之下不会过分处罚别人，喜悦之中不会过分奖赏别人，是因为礼法战胜了内心的私情。《尚书》中说："不以个人的喜好作为做事的标准，这是先王奉行的正道。不以个人的憎恶做事，这是先王遵从的礼仪。"这是说君子能以公正的礼法克服自己的私欲。

三、不苟

【原文】

君子崇人之德，扬人之美，非谄谀也；正义直指，举人之过，非毁疵也；言己之光美，拟于舜、禹，参①于天地，非夸诞②也；与时屈伸，柔从若蒲苇，非慑怯也；刚强猛毅，靡所不信，非骄暴也。以义变应、知当曲直故也。《诗》曰："左之左之，君子宜之；右之右之，君子有之。"此言君子以义屈信③变应故也。

【注释】

①参：与……并列。

②夸诞：指言词夸大而虚妄，与实际情况不相符。

③屈信：即"屈伸"。信，这里同"伸"，不屈。

【译文】

君子对他人的德行特别推崇，称道别人的优点，并非是要阿谀奉承对方；公正而直接地指出别人的过错，并非是要借对方的毛病来诋毁对方；言说自己品德之美好，甚至可与舜、禹相媲美，与天地的德行相提并论，并非是要浮夸自己欺骗别人；根据时势的变化选择进取或者退缩，表现得像香蒲和芦苇一样柔顺，并非是因为生性懦弱胆怯；内心刚强而坚毅，没有什么地方没有坚持信义，并非是因为性情骄傲而横暴。所有这些行为，都是根据道义的规范做出随机应变的改变，明白当屈曲时就屈曲，当伸直时就伸直的缘故啊。《诗经》中说："该转向左方的时候就转向左方，君子在左方很适应；该转向右方的时候就转向右方，君子也时常有这样的情况。"这就是说，君子是根据道义的变化来随时做出屈伸进退的事。

【原文】

君子，小人之反也。君子大心则敬天而道，小心则畏义而节；知则明通而类，愚则端悫而法；见由则恭而止，见闭则敬而齐；喜则和而治，忧则静而理；通则文而明，穷则约而详。小人则不然，大心则慢而暴，小心则淫而倾；知则攫盗[①]而渐，愚则毒贼而乱；见由则兑而倨，见闭则怨而险；喜则轻而翾[②]，忧则挫而慑；通则骄而偏，穷则弃而儑[③]。传曰："君子两进，小人两废。"此之谓也。

【注释】

①攫（jué）盗：强夺、盗取，即"强取豪夺"的意思。

②翾（xuān）：通"儇"，形容轻薄浮滑的样子或状态。

③儑（án）：形容人心灰意懒的样子，也用来指人的品格卑下。

【译文】

君子，就是小人的反面。君子的思想往大的方向用，就会敬畏上天而遵从规律，往小的方面用，就会畏惧礼义而变得有所节制；聪明起来会因为明智通达而通晓其他族群的道理，愚钝起来就会因为端正诚笃而不敢越雷池一步；被起用的时候会因为恭敬而不放纵自己的行为，不受重用的时候会因为戒慎而仔细审视自己的行为；高兴的时候会心态平和地去治理天下，忧愁的时候会态度冷静地处理自己的本职工作；地位显赫时会因为文雅而变得更加明智，处境困窘时也会约束自我而洞察事物的道理。小人就不是这样的，小人的心往大的方面用，就会傲慢而粗暴，往小的方面用，就会充满邪恶而肆意倾轧别人；聪明起来就会为了巧取豪夺而费尽心机，愚钝起来就会因为狠毒残忍而上下作乱；在被起用之后会因为高兴而变得更加傲慢，在失势之后就会因为内心怨恨而甘愿铤而走险；高兴起来的时候就会因为轻浮而变得急躁，忧愁起来的时候就会因受到挫败而心惊胆战；地位显赫了就会因内心骄横而变得不公正，处境困窘时又会因自暴自弃而志趣卑下。古书上说："无论在什么情况下，君子都会保持进步，而小人都会持续堕落。"说的就是这种情况。

【原文】

君子洁其身而同焉者合矣，善其言而类焉者应矣。故马鸣而马应之，牛鸣而牛应之，非知也，其势然也。故新浴者振其衣，新沐者弹其冠，人之情也。其谁能以己之潐潐①受人之掝掝②者哉？

【注释】

①潐（jiào）潐：形容洁白而又明亮的样子。

②掝（huò）掝：形容非常肮脏浑浊的样子。

【译文】

君子始终保持着洁身自好的品性，身旁就能时刻聚拢与自己志同道合的人，因为他能不断完善自己的观点，从而得到与之观点相同的人响应。所以，马鸣叫的时候就会招来其他马的应和，牛哞叫的时候就会引来其他牛的应和，这并非是牛和马有了智慧的头脑，而是因为客观情况就是这样的。所以，刚从浴室中出来的人会抖动一下衣襟，刚洗过头的人会扶正一下自己的帽冠，这是人之常情。有谁愿意让别人肆意玷污自己的清白呢？

【原文】

君子养心莫善于诚，致诚，则无它事矣，惟仁之为守，惟义之为行。诚心守仁则形，形则神，神则能化矣；诚心行义则理，理则明，明则能变矣。变化代兴，谓之天德①。天不言而人推高焉，地不言而人推厚焉，四时不言而百姓期焉：夫此有常以至其诚者也。君子至德，嘿然而喻，未施而亲，不怒而威：夫此顺命以慎其独者也。善之为道者：不诚，则不独；不独，则不形；不形，则虽作于心，见于色，出于言，民犹若未从也；虽从必疑。天地为大矣，不诚则不能化万物；圣人为知矣，不诚则不能化万民；父子为亲矣，不诚则疏；君上为尊矣，不诚则卑。夫诚者，君子之所守也，而政事之本也。唯所居，以其类至②；操之，则得之；舍之，则失之。操而得之，则轻；轻，则独行；独行而不舍，则济矣。济而材尽，长迁而不反其初，则化矣。

【注释】

①天德：即“上天的德行”，也就是指符合自然规律的德行。

②唯所居，以其类至：指的是以上各种情况符合诚的要求时的状态，也就是“天地诚则化万物，圣人诚则化万民，父子诚则亲近，君主诚则尊贵”。

【译文】

君子修养身心没有比真诚更好的办法了，做到了真诚，就没有其他事情可以阻挡，所以只要守得住内心的仁德，让行为符合道义规范就可以了。诚心地坚守仁德，就能让仁德之心表现在举止上，如果举止上能够做到仁德，自己就会显得神明，当自己显得神明了，就能让别人受到感化；真心诚意地践行道义，就能变得理智，理智了就能做到通达事情发展的道理，通达事理了，就能做到改变别人。这两种作用轮流产生作用，就是所谓的天德。上天没有言语，但人们对它的高远倍加推崇，大地没有言语，但人们都对它的深厚倍加推崇，四季没有言语，但老百姓都对春夏秋冬的变换了如指掌：这些都是因为以常理运行而达到真诚的。君子的德行极高，即使沉默不言，也能让人们明白他的意思；即使没有施舍，也让人们愿意亲近他；即使没有发怒，也能显示出威严的样子：这是因为君子顺从了天道，并且在独自一人时也保持谨慎的缘故。善于发挥这种道行的人：如果内心不真诚，就无法做到慎独；无法做到慎独，就难以在行为举止中彰显道义；道义不显，那么即使发自内心，脸色上显现出来，言论中也能得以体现，但人们仍然不会选择顺从他；即使选择了顺从，也一定会心存疑虑。天地算得上是大的了，不真诚就无法化育万物；圣人算得上是明智的了，不真诚就无法感化世人；父子间的关系算得上亲密了，不真诚就会让关系变得疏远；君主算得上是世间最尊贵的人了，内心不诚也会遭到鄙视。所谓“真诚”，显示出的是君子的操守，政治的本源。只有把真诚作为立足点，志同道合的人才会聚拢过来；只有时刻坚持真诚，才能获得同类的拥护；如果抛弃了真诚，就会失去人们的支持。因为内心真诚而获得了同伴，所以感化他们就变得轻松了；感化他们轻松了，慎独之风也就能流行了；养成慎独的习惯并坚持不放，人们的真诚就养成了。真诚的习惯养成了，个人的才能也就会完全施展出来，从而永远趋向于真诚而不再坚持邪恶的本性，这样，他们就完全被感化了。

【原文】

君子位尊而志恭，心小而道大；所听视者近，而所闻见者远。是何邪？则操术然也。故千人万人之情，一人之情是也；天地始者，今日是也；百王之道，后王是也。君子审后王之道，而论[1]于百王之前，若端拜而议。推礼义之统，分是非之分，总天下之要，治海内之众，若使一人。故操弥约而事弥大；五寸之矩，尽天下之方也。故君子不下室堂而海内之情举积此者，则操术然也。

【注释】

①论：这里是“考查”的意思。

【译文】

君子虽然地位显赫，但内心仍然很谦恭；他的心虽然很小，但所怀的志向却很远大；他所听到、看到的事物很近，但从中体悟到的道理却很远。这是怎么做到的呢？是因为君子掌握了一定的方法。所以千万个人的心情，与一个人的心情差不多；天地初始时的情况，与今天的情况是一样的；前世百位君王的统治之道，与后世的君王也一样。君子通过对当代君王统治之道的审察，就能看出前世百位君王的政治措施，就像是端正身体拱着手议论一样从容不劳。推究出礼义的规范，分清楚是非的边界，总括天下的要领，治理国境线内的臣民，就像是在役使一个人一样。所以，运用的方法越简略，所能做成的事业就越大；如同只用五寸长的尺度，就能量尽天下所有的远夷之地一样。所以，君子无须走出王庭就能对天下之事悉数掌握，这是因为掌握了一定的方法才做到的啊。

君子位尊而志恭，心小而道大；所听视者近，而所闻见者远。

【原文】

公生明，偏生暗；端悫生通，诈伪生塞；诚信生神，夸诞生惑。此六生者，君子慎之，而禹、桀所以分也。

【译文】

内心公正就会变得通达事理，内心偏私就会愚蠢丛生；端正自己的态度并谨慎从事就会让自己通达天下，坚持欺诈虚伪的内心就会变得闭塞无朋；做人真诚而老实就会得到神明的护佑，大言不惭而又夸夸其谈就会让人变得糊涂。这六种状态，君子要谨慎地对待它们之间的区别，这也是禹和桀不一样的地方。

【原文】

欲恶取舍之权：见其可欲也，则必前后虑其可恶也者；见其可利也，则必前后虑其可害也者；而兼权乏，孰计之，然后定其欲恶取舍。如是则常不失陷矣。凡人之患，偏伤之也：见其可欲也，则不虑其可恶也者；见其可利也，则不顾其可害也者。是以动则必陷，为则必辱，是偏伤之患也。

人之所恶者，吾亦恶之。夫富贵者则类傲之，夫贫贱者则求柔之，是非仁人之情也，是奸人将以盗名于晻①世者也，险莫大焉。故曰："盗名不如盗货。"田仲②、史鳝③不如盗也。

【注释】

①晻：通"暗"。

②田仲：战国时期齐国人，又名陈仲子，他认为自己的哥哥在齐国做官，所获取的是不义之财，认为花费这些不义之财的哥哥的家室为不义之室，所以便脱离了哥哥的家庭，拒绝接受哥哥的俸禄而独自生活，所以获得"清高"、"廉洁"的美名。

③史鳝（qiū）：春秋时期卫国的大夫，字子鱼，所以又称为"史鱼"。他生前曾劝谏卫灵公将弥子瑕罢免，结果未能如愿，

于是在临终前嘱咐儿子不要将自己入殓，还要以尸谏的形式向卫灵公表明自己的忠君之心，所以孔子称颂其具有“正直”的品格。

【译文】

谋求或者厌弃、摄取或者舍弃的标准是：看中可以谋求的东西，就要全面考虑到它可能存在让你生厌的地方；见到可以用来得利的东西，就要考虑其可能对自己形成的伤害；正反两面都做了权衡和考虑之后，然后再决定是继续谋求还是厌弃，是摄取还是舍弃。这样做才不会出现失误。但凡人身上出现祸患，都是人们对事物片面观察的结果：看中了事物可供谋求的一面，却不考虑它让人生厌的一面；见到了可供得利的一面，却没有考虑到其可能产生的危害。因此，这样的片面行动必然导致失足，做了就必然会受辱，这就是看问题片面性给他们所造成的重大危害啊。

对于别人所厌恶的事情，我也会心生厌恶。面对富贵的人时就通通傲视，面对贫贱的人时就一味屈就，这都不是仁人的做法，而是内心奸邪的人在社会条件黑暗的时候，用来欺世盗名的手段，用心非常险恶。所以说：“耍手段欺世盗名的人，不如那些只是偷窃财物的盗贼。”田仲、史鳍这样的人，就是不如盗贼的人。

四、荣辱

【原文】

凡斗者，必自以为是而以人为非也。己诚是也，人诚非也，则是己君子而人小人也。以君子与小人相贼害也，忧以忘其身，内以忘其亲，上以忘其君，岂不过甚矣哉？是人也，所谓以狐父[1]之戈钃[2]牛矢也。将以为智邪，则愚莫大焉；将以为利邪，则害莫大焉；将以为荣邪，则辱莫大焉；将以为安邪，则危莫大焉。人之有斗，何哉？我欲属之狂惑疾病邪，则不可，圣王又诛之。我欲属之鸟鼠禽兽邪，则不可，其形体又人，而好恶多同。人之有斗，何哉？我甚丑之。

【注释】

①狐父：古代地名，位于今安徽砀山附近，历史上曾因出产优质兵器戈而闻名。

②钃（zhú）：砍、刺。

【译文】

凡是喜好斗殴的人，必定是自认为自己全部正确而别人全部错误的人。如果自己真的全部是正确的，别人真的全部是错误的，那么自己就是君子而别人就是小人了。用自己君子的身份去与小人相互残害，从忧虑的角度看是忘记了自身的安危，从家庭的角度看是忘记了亲属，从忠君的角度看是忘记了自己的君主，这样的过错是不是犯得太厉害了？这样的人，也就是所谓的用上等的利戈来铲牛屎。表面上看起来是聪明的，实际上再没有比他更愚蠢的了；表面上看来是有好处的，实际上再没有比它更有害的了；表面上看起来是荣耀的，实际上再没有比它更让人感到耻辱的了；表面上看起来是安全的，实际上再没有比它更危险的了。但人们之间仍然会出现斗殴的现象，这到底是为什么呢？我想把它等同于疯狂、惑乱等重大精神病症吧，却又是不可以的，因为圣明的君主会对这种行为做出处罚；我想把它等同于鸟鼠禽兽，却也是不可以的，因为从形体上看他们还保留着人形，并且有与别人相同的爱憎情感。人们之间会发生斗殴的现象，这究竟是为什么呢？我认为这是一种非常丑陋的行为。

【原文】

有狗彘之勇者，有贾盗之勇者，有小人之勇者，有士君子①之勇者。争饮食，无廉耻，不知是非，不辟死伤，不畏众强，恈恈然②唯利饮食之见，是狗彘之勇也。为事利，争货财，无辞让，果敢而振，猛贪而戾，恈恈然唯利之见，是贾盗之勇也。轻死而暴，是小人之勇也。义之所在，不倾于权，不顾其利，举国而与之不为改视，重死、持义而不桡，是士君子之勇也。

【注释】

①士君子：指操行端正、学问渊博的人。

②恈（móu）恈然：形容非常渴望得到的样子。

【译文】

有的人像狗和猪一样勇敢，有的人像商人和盗贼一样勇敢，有的人具有小人的勇敢，有的人具有士人君子的勇敢。争抢吃喝的东西，丧失了廉耻观念，没有是非的界限，不顾惜别人的死伤，不畏惧众人的强大，把两只血红的眼睛只关注在吃喝上，这就是像猪狗一样的勇敢。做事情的时候贪图利益，在取得财物的时候没有辞让观念，行动起来果断大胆而能振奋士气，但内心凶猛、贪婪而又充满暴戾之气，眼里只看得到资财和利益，这就是像商人和盗贼一样的勇敢。将生死置之度外，所以行为暴虐，显示的是小人一样的勇敢。在需要宣示道义的时候，绝不向任何权势屈服，毫不顾及个人的利益，甚至拥有整个国家都不改变个人的观点，看重生命但更坚持正义，并且能不屈不挠地斗争，这显示的是士人君子所具有的勇敢。

【原文】

荣辱之大分、安危利害之常体：先义而后利者荣，先利而后义者辱；荣者常通，辱者常穷；通者常制人，穷者常制于人：是荣辱之大分也。材[①]悫者常安利，荡悍者常危害；安利者常乐易[②]，危害者常忧险；乐易者常寿长，忧险者常夭折：是安危利害之常体也。

【注释】

①材：通“才”，指有才能的人。

②易：心情放松状态下平和、舒适的样子。

【译文】

荣誉和耻辱之间的主要区别、安危利害的通常状态是：先谋求道义后谋求利益的人会得到荣誉，先谋求利益后谋求道义的人会遭受耻辱；获得荣誉的人时常通达，遭受耻辱的人时常困窘；通达的人常常能统治别人，窘迫的人常常受别人统治：这就是荣誉和耻辱的最大区别。有真才实学而又能保持谨慎的人常常从安全中获利，行为放纵而又内心凶悍的人常常遭受到危险和伤害；从安全中得利的人经常能保持快乐舒适的心态，遭受危险和伤害的人常常因内心忧愁而产生危机感；保持快乐舒适的人通常能长寿，内心忧愁且伴随危机感的人常常会早夭：这体现的就是安危利害的通常状态。

【原文】

夫天生蒸民，有所以取之。志意致修，德行致厚，智虑致明，是天子之所以取天下也。政令法，举措时，听断公，上则能顺天子之命，下则能保百姓，是诸侯之所以取国家也。志行修，临官治，上则能顺上，下则能保其职，是士大夫之所以取田邑也。循法则、度量、刑辟、图籍，不知其义，谨守其数，慎不敢损益也，父子相传，以持王公，是故三代虽亡，治法犹存，是官人百吏之所以取禄秩也。孝弟愿[①]悫，軥录[②]疾力[③]，以敦比其事业，而不敢怠傲，是庶人之所以取暖衣饱食、长生久视以免于刑戮也。饰邪说，文奸言，为倚事，陶诞[4]突盗，惕悍憍暴，以偷生反侧[5]于乱世之间，是奸人之所以取危辱死刑也。其虑之不深，其择之不谨，其定取舍楛僈[6]，是其所以危也。

【注释】

①愿：指诚实的品德。

②轲（qú）录：通“劬碌”，形容非常忙碌。

③疾力：指人拼命而用力地完成某件事情。

④陶诞：用谣言欺骗别人。陶，通“谄”。诞，说谎。

⑤反侧：形容人辗转不安的样子。

⑥楛僈（gǔ màn）：指因粗心草率而有所怠慢的样子。楛，本意指“粗劣”。

【译文】

自然界营造了苍生，也就有了各自取得生存条件的理由。拥有最美好的思想，施行最宽厚的德行，做出最英明的谋虑，所以天子取得了天下。施行合于法度的政令，制订合乎时宜的措施，以公正的态度决断政务，向上能服从于天子的政令，向下能安抚百姓的生活，所以诸侯获得了在国家中的位置。树立美好的思想和行为，管理官员体系的运行，做到上能服从国君的政令，下能对得住自己的职责，所以士大夫获得了君王封赏的田地封邑。遵从国家的法律准则、尺度量具、刑法规范、图册户籍做事，即使不明白其中的礼义，也能做到严格按照具体条文行事，因为谨慎而不敢删减或增加其中的内容，由前世传给后世，用来扶助王公的政治统治；所以，即使夏、商、周三代全都灭亡了，但仍然保留着政策法制，这是各级官吏能够从国家获得俸禄的缘由。在家里孝顺自己的父母、敬爱自己的兄长，老实谨慎地做人，勤劳卖力地劳动，以此来换取事业的稳固而不敢有所懈怠或轻慢，这就是平民百姓能够丰衣足食、健康长寿并免于刑罚杀戮的缘由。对邪恶的学说进行粉饰，对奸诈的言论进行美化，从事怪诞的事情，用招摇的方式骗取钱财，像强盗一样抢夺，行为放荡、内心凶悍，态度骄横、内心残暴，以此为手段在混乱社会中获得苟且偷生的机会，这也成为内心奸邪之人陷自己于危险、耻辱、死亡、刑罚之中的缘由。因为他们不能深入地思考问题，不能谨慎地选择人生道路，并且在确定取舍时表现出漫不经心的样子，这都是他们走向危亡的根源。

【原文】

夫贵为天子，富有天下，是人情之所同欲也；然则从人之欲，则势不能容[①]，物不能赡[②]也。故先王案为之制礼义以分之，使有贵贱之等，长幼之差，知愚、能不能之分，皆使人载其事而各得其宜，然后使悫禄[③]多少厚薄之称，是夫群居和一之道也。

【注释】

①势不能容：因为天下只能有一个君主，所以不可能容许天下人拥有与君王等同的权势。

②物不能赡：同样也是因为天下君主只有一个，所以天下人不可能都能满足自己的物欲。

③悫禄：俸禄。悫，通“榖”。

【译文】

获得天子一样的位置，拥有富甲天下的财富，这是人们共同追求的目标；但是，如果让所有人的欲望都得到满足，那么权势上就会无法容许，物质上也无法满足。所以，圣明的前世帝王制定出礼义规范来区分人群，为人们确定了等级上的高低贵贱，年纪上的长幼差异，个人才能上的聪慧、愚笨及贤能、无能的分别，并让他们分别承担各自的工作并各得其所，又用厚薄不等的俸禄来对等于他们的地位和工作，从而使群居在一起的人，找到了能够协调一致的办法。

【原文】

故仁人在上，则农以力尽田，贾以察尽财，百工以巧尽械器，士大夫以上至于公侯莫不以仁厚知能尽官职，夫是之谓至平①。故或禄天下，而不自以为多；或监门、御旅、抱关、击柝②，而不自以为寡。故曰：斩③而齐④，枉⑤而顺，不同⑥而一。夫是之谓人伦。《诗》曰："受小共大共⑦，为下国⑧骏蒙⑨。"此之谓也。

【注释】

①至平：指天下最为太平的局面，也就是所谓的"治世"局面。

②击柝（tuò）：打更。柝，指古代更夫打更巡夜时强大的梆子。

③斩：形容长短不一的样子，这里指等级差别的表现。

④齐：指公正而又规则的社会秩序。

⑤枉：引申为人们受到的礼义规范的约束。

⑥不同：指不同的人在社会职位上的不同。

⑦小共大共：指礼仪规范中对小事和大事所做出的不同的法度依据。

⑧下国：指受天子统治的各方诸侯国。

⑨骏蒙：寻求天子的庇护、保佑。骏，通"恂"，寻求。

【译文】

所以，仁慈的人处在君主的位置上，就要使农民能用尽全力

半幅溪藤瑩潔一池
水墨濃酣莫訝疎香太
早東風已到江南
溪東外史汪士慎

故长短、小大，善恶形相，非吉凶也。

去耕种田地，让商人能够将自己的智慧用在经营上，让工匠能将自己精湛的技巧用在制造各种实用的器械上，让士大夫、公爵、侯爵等阶层将个人的聪明才智用在定国安邦上，这样的局面就叫作大治。所以，有的人即使富甲天下，也认为自己拥有的不多；有的人尽管在把守城门、招待商旅、戍边作战、维持治安，也认为所得不少。所以说："斩尽不整齐的地方才能实现整齐，经历了枉曲才能归于顺利，了解了彼此间的不同才能真正实现统一。"这种关系对于人来说就是伦常关系。《诗经》中说："接受小法与大法的区别，实现庇护各国安天下的目的。"说的就是这个道理。

五、非相

【原文】

古者有姑布子卿①，今之世，梁有唐举②，相人之形状颜色而知其吉凶妖祥，世俗称之。古之人无有也，学者不道也。

故相形不如论心③，论心不如择术④。形不胜心，心不胜术。术正而心顺之，则形相虽恶而心术善，无害为君子也；形相虽善而心术恶，无害为小人也。君子之谓吉，小人之谓凶。故长短、小大，善恶形相，非吉凶也。古之人无有也，学者不道也。

【注释】

①姑布子卿：春秋时期郑国人，据说曾经为赵襄子和孔子看过相。

②唐举：战国时期专以看相为生的人，曾看相于李兑和蔡泽。

③论心：指考察、研究人的思想。心，这里指人的思想。

④择术：指选择合适的方法。术，方法。

【译文】

古时候有个善于看相的姑布子卿，当今世界上，梁国出现了一个叫唐举的人，他们都能通过观察人的容貌、面色而辨别出人的吉凶祸福，所以世俗中人都对他们的相术非常称道。但古代的人不从事这样的事情，有学识的人也不屑于对这种事进行谈论。所以，观察人的面相不如对他的思想进行考察，考察他的思想不如鉴别他的处世立身之法。因为相貌的重要性比不上思想，思想的重要性不如实际的处世立身之法。处世立身之法正确且又有思想相顺应，那么即使相貌丑陋，也不会损害他君子的形象；如果相貌漂亮但思想和处世立身之法都十分丑陋，也不能掩盖他小人的面孔。所以，做君子便会得到吉祥，做小人则不会得到吉祥。所以，无论是高矮、大小、美丑等相貌形体上的特点，都不是判断吉凶的标准。因此，古代的人不从事这样的事情，有学识的人也不屑于对这种事进行谈论。

【原文】

人有三不祥：幼而不肯事长，贱而不肯事贵，不肖而不肯事贤，是人之三不祥也。人有三必穷：为上则不能爱下，为下则好非其上，是人之一必穷也；乡则不若[①]，偝则谩之[②]，是人之二必穷也；知行浅薄，曲直[③]有以县矣，然而仁人不能推，知士不能明，是人之三必穷也。人有此三数行者，以为上则必危，为下则必灭。《诗》曰："雨雪瀌瀌[④]，宴然[⑤]聿消。莫肯下隧，式居[⑥]屡骄。"此之谓也。

【注释】

①乡则不若：与人面对面却不顺从于对方。乡，通"向"，面对

面。若，顺从。

②偝（bèi）则谩之：私底下说对方的坏话。偝，私下、背后。谩，侮辱、诋毁。

③曲直：指人在才能上的能与不能。

④瀌（biāo）瀌：形容雪量很大的样子。

⑤宴然：形容太阳出来后非常暖和的样子。宴，通“曣”，日出。

⑥居：占据。

【译文】

人的一生中会遇到三种不祥的事情：年轻的不肯侍奉年长的，地位卑贱的不肯侍奉地位高贵的，没有才德的不肯侍奉德才兼备的，这是人生中会遇到的三种不祥的事情。人在三种情况下会陷于困顿：做君主的不能爱护自己的臣民，做臣民的喜欢议论君主的缺点，这是会让人陷于困顿的第一种情况；当面不能顺从对方，背后还要毁谤对方，这是会让人陷于困顿的第二种情况；知识积累不厚，品行修养不高，与别人存在着悬殊的判断是非曲直的能力，却又不能对仁爱之人倍加推崇，也不能对明智之人态度尊敬，这是会让人陷于困顿的第三种情况。如果人有了这三种情况中的某种情况，做君主的就一定会面临危险，做臣民的就一定会面临灭亡的结局。《诗经》中说：“纷纷扬扬的大雪降落下来，等太阳一出就会立刻消融。可是有的人不愿从原来的位置上让开，反而继续占据着高位，傲视别人。”说的就是这种情况。

【原文】

人之所以为人者，何已也？曰：以其有辨[①]也。饥而欲食，寒而欲暖，劳而欲息，好利而恶害，是人之所生而有也，是无待而然者[②]也，是禹、桀之所同也。然则人之所以为人者，非特以二足而无毛也，以其有辨也。今夫狌狌[③]形笑，亦二足而无毛也，然而君子啜其羹，食其胾[④]。故人之所以为人者，非特以其二足而无毛也，以其有辨也。夫禽兽有父子而无父子之亲，有牝牡[⑤]而无男女之别。故人道莫不有辨。

【注释】

①辨：这里指的是社会中对人在长幼、亲疏、贵贱、上下的区分和定位。

②无待而然者：不需要等待就拥有的东西，这里指的是人的天性。

③狌狌：即猩猩。

④胾（zì）：块状或呈颗粒状的肉。

⑤牝牡（pìn mǔ）：原指阴阳，泛指与阴阳有关的雄雌、男女等。牝，雄性动物。牡，雌性动物。

【译文】

人之所以能够成为人，原因是什么呢？答案是：人能够分辨出各种事物的界限。肚子饿了就想到吃饭，躯体寒冷了就想到取暖，身体累了就想到休息，喜好利益就厌恶受到伤害，这是人生来就具有的本能，是不需要通过后天学习就具备的能力，跟禹和桀没什么分别。但是，人之所以成为人，并不只是因为人长了两只脚，身上没有毛，而是因为能够区别各种事物的界限。现在猩猩的样子与人非常相像，也有两只脚，脸上没有毛，可是君子却能吃它们的肉块，喝它们的肉羹。所以，人之所以成为人，不只是因为人有两只脚且身上没有毛，而是拥有辨别各种事物界限的能力。禽兽中也存在父子关系，但却没有父子之间的亲情，有雌雄之分，但没有分辨男女之间界限的能力。所以主宰人类社会的社会道德规范，让人对所有事物的界限都有了辨识的能力。

【原文】

辨莫大于分，分莫大于礼，礼莫大于圣王。圣王有百，吾孰法焉？故曰：文[①]久而灭，节族[②]久而绝，守法数之有司极礼而褫[③]。故曰：欲观圣王之迹，则于其粲然[④]者矣，后王是也。彼后王者，天下之君也，舍后王而道上古，譬之是犹舍己之君而事人之君也。故曰：欲观千岁，则数今日；欲知亿万，则审一二；欲知上世，则审周道[⑤]；欲知周道，则审其人所贵君子。故曰："以近知远，以一知万，以微知明。"此之谓也。

【注释】

①文：礼义规范、礼法制度。

②节族：即节奏，乐曲的节奏。

③褫（chǐ）：脱去，形容松懈废弛的状态。

④粲（càn）然：形容清楚、明了的样子。

⑤周道：指周朝施行的制度或治国原则，也用来专指文武周公所创立的治国之道。

【译文】

分辨各种事物的界限没有比确定各种事物的名分更重要的了，确定各种事物的名分没有比遵从礼法规范更重要的了，遵从礼法规范没有比肯于效法圣明的帝王更为重要的了。这样的帝王有上百个，我们应该仿效谁呢？答案是：古代的礼仪制度已经因为年代久远而湮没了，音乐的节奏也随之渐渐失传了，负责掌管礼法条文的官吏，也因为年代太过久远而使当下的礼法与古代礼法相脱节了。所以说：想知道圣明帝王的事迹，就得问明白其中详情的人，也就是后代君王的治国之道。所谓的后代帝王，也就是统治当今天下的君王，舍弃后代君王而对上古君王大为称道，就像是舍弃自己的国君不侍奉而去侍奉别国的国君。所以说：要想清楚地明白千年之前的故事，就要对现在进行仔细审视；要想清楚了解亿万种事物，就要从一两件事物开始了解；要想了解上古时候的社会情况，就要从当今的周王朝治国之道开始审察；而要想了解周王朝的治国之道，就要从他们对君子的尊重态度进行审视。所以说："要根据当今的事情建立对远古的了解，从一件事物来建立对上万件事物的了解，从隐晦微小的事物来建立对显见事物的了解。"说的就是这个道理。

【原文】

凡说①之难，以至高遇至卑，以至治接至乱。未可直至也，远举②则病缪，近世则病佣③。善者于是间也，亦必远举而不缪，近世而不佣，与时迁徙，与世偃仰④，缓急、赢绌⑤，府然⑥若渠匽、檃栝⑦之于己也，曲得所谓焉，然而不折伤。

【注释】

①说（shuì）：游说、说服。

②远举：指引用上古的故事证明现在的说法。

③佣：平常、庸俗的样子。

④偃（yǎn）仰：俯身、仰头，可引申为上下。偃，向下低头，表示俯身的样子。

⑤赢绌：有余与不足，这里引申为进退、伸屈。赢，盈余。绌，不足。

⑥府然：形容胸怀宽大包容一切的样子。

⑦檃栝（yǐn kuò）：古代一种专门用于矫正弯木的工具。

【译文】

游说所能遇到的难处，在于带着崇高的思想境界去对待那些内心卑劣的人，带着最好的国家治理方法游说末代国君，是无法直接达到游说目的的。用远古的事例游说，可能因谬误而让人感觉不切实际，用近代的事例说明，可能因庸俗而不被接受。擅长游说的人取两者之间的道路，在列举远古事例时不出现谬误，用近代事例的时候不流于庸俗，让游说的话随着时代和世事的变化而变化，无论是需要和缓还是急促，无论是多言还是少说，都视实际的需要来确定，就像用渠坝控制水流、用工具矫正竹木那样自我掌控，用尽量委婉的话，把自己的意思说给对方听，而又不伤害他。

【原文】

故君子之度己则以绳，接人则用抴[①]。度己以绳，故足以为天下法则矣。接人用抴，故能宽容，因求[②]以成天下之大事矣。故君子贤而能容罢[③]，知而能容愚，博而能容浅，粹而能容杂，夫是之谓兼术。《诗》曰："徐方[④]既同，天子之功。"此之谓也。

【注释】

①抴（yì）：通"枻"，指船舷或摇船用的短桨，这里引申为引导、接引。

②因众：指依靠众人的力量。因，依靠、凭借。

③罢（pí）：才能低下的人、庸人。

④徐方：古代位于今淮河中下游地区的一个诸侯国，这里指偏远的地方。

【译文】

所以，君子像木工用墨线取直那样严于律己，像艄公摇船接客一样待人接物。像木工用绳墨取直一样要求自己，因而让自己为天下人所效仿。用舟船一般的胸怀待人接物，所以能宽容他人，并依靠他人之力治理天下。所以，君子是贤能且能宽容无能之人的人，是聪明且能宽容愚昧之人的人，是博学多才且能宽容孤陋寡闻之人的人，是道德高尚且能宽容品行驳杂之人的人，这就是所谓兼容并蓄的道理。《诗经》中说：“远夷的徐国已经前来归顺，这是天子的功劳啊！”说的就是这个道理。

六、非十二子

【原文】

信信，信也；疑疑，亦信也。贵贤，仁也；贱不肖，亦仁也。言而当，知也；默而当，亦知也。故知默犹知言也。故多言而类[①]，圣人也；少言而法，君子也；多少无法而流湎然[②]，虽辩，小人也。故劳力而不当民务，谓之奸事；劳知而不律先王，谓之奸心；辩说譬谕、齐给便利而不顺礼义，谓之奸说。此三奸者，圣王之所禁也。知而险，贼而神，为诈而巧，言无用而辩，辩不急而察，治之大殃也。行辟[③]而坚，饰非而好，玩奸而泽[④]，言辩而逆[⑤]，古之大禁也。知而无法，勇而无惮，察辩而操僻，淫大[⑥]而用乏，好奸而与众[⑦]，利足而迷，负石而坠，是天下之所弃也。

【注释】

①类：在书中指的就是礼义。

②流湎（miǎn）然：形容对某事沉溺于其中的样子。湎，沉湎。

③行辟：指行为举止让人感到怪异。

④泽：本意为“润泽”，这里是小人用漂亮的言辞掩饰其奸邪的本质。

⑤逆：指悖逆于理。

⑥淫大：形容放荡而骄纵的样子。大，通“太”，即“汰”，过分。

⑦与众：和众人在一起，也就是拉帮结伙，结成朋党。

【译文】

相信值得相信的东西，是诚信；怀疑值得怀疑的东西，也是诚信。尊重贤能之人，是仁爱；鄙视不肖之徒，也是仁爱。说话能说得恰如其分，是一种智慧；沉默也能沉默得恰到好处，也是一种智慧。所以，明白在什么情况下保持缄默与明白在什么时候说话是一样的。说话多又全都符合礼法规范的人，是圣人；说话不多但能够符合礼法规范的人，是君子；话很多但都不符合礼法规范却沉湎于其中，即使能说得有条有理，也是小人。所以，费尽力气却不能解决民众需求的事情，就是奸邪的政务；劳心费神却不能遵从于先王的法度，就是奸邪的思想；辩说机敏但不符合礼法的规范，就是奸邪的辩说。这三种奸邪的东西，都是遭圣明帝王禁止的。生性聪明但内心险恶，手段狠毒但手法高明，行为诡诈但安排巧妙，言论没有用处但雄辩感人，辩说没有实用但明察秋毫，这些都是国家治理中的大祸害。行为邪僻但冥顽不灵，掩饰错误却能表现完美，弄权弄奸却能游刃有余，说话貌似有理却又悖于常理，这些都是古代君王特别禁止的。生性聪明而不知遵守法度，勇敢有余而不知有所收敛，明察善辩却又怪诞不经，作风奢靡却又刚愎自用，喜好奸邪却又党羽众多，就像喜欢奔走却又误入歧路，身负重任却又失足于权位，这是天下人都厌恶的人。

【原文】

兼服天下之心：高上尊贵不以骄人，聪明圣知不以穷人①，齐给速通②不争先人，刚毅勇敢不以伤人；不知则问，不能则学，虽能必让，然后为德。遇君则修臣下之义，遇乡则修长幼之义，遇长则修子弟之义，遇友则修礼节辞让之义，遇贱而少者则修告导宽容之义。无不爱也，无不敬也，无与人争也，恢然[3]如天地之苞[4]万物，如是则贤者贵之，不肖者亲之。如是而不服者，则可谓讹怪[5]狡猾之人矣，虽则子弟之中，刑及之而宜。《诗》云："匪上帝不时，殷不用旧[6]。虽无老成人[7]，尚有典刑[8]。曾是莫听，大命[9]以倾。"此之谓也。

【注释】

①穷人：让人处在难堪、窘迫的境地。

②齐给速通：形容口才流利而反应敏锐的样子。

③恢然：形容非常广大的样子。

④苞：通"包"。

⑤讹（yāo）怪：指自然界中一切难于理解的、怪异的自然现象。讹，通"妖"。

⑥旧：这里指先王的执政之道。

⑦老成人：这里用来指称伊尹、伊陟这一类人。

⑧典刑：这里指的是各种典范和刑事法度。

⑨大命：古代以祭祀和作战为"大"，这些都是国家的行为，所以"大命"，指的就是国家的命运。

【译文】

让天下人都诚心服从自己的办法是：身居高位却不傲视他人，睿智明理却不让人难堪，才思敏锐却不与人争先，刚毅勇敢却又不伤害他人；对于不知道的东西能够虚心求教，对于不具备的才能能自主学习，即使有能力也懂得谦让的道理，这样才能算得上是有道德的人。在对待君王时，能遵循做臣子的礼义规范，在乡邻面前，能遵从长幼有序的法则，在长辈面前，能遵从子弟恭顺的道德标准，在朋友面前，能遵从修习礼义、节制辞让的行为规范，在地位卑贱而又年纪幼小的人面前，能坚持宽容教

向晚意不適驅車登古原夕陽
無限好只是近黃昏

古之所谓仕士者，厚敦者也，合群者也，乐可贵者也，乐分施者也，远罪过者也，务事理者也，羞独富者也。

导的礼义原则。与人相处，没有不仁爱的，没有不敬重的，不与他人相争，让自己的心胸就像天地那样能包容万物，能够做到这样，就能得到贤能之人的敬重，也能得到不肖之徒的亲近。如果这样还有不能心悦诚服于你的人，就算得上是怪异奸猾之人了，即使是你的子弟，对其施加刑罚，也是应该的。《诗经》中说："这不是上天的过错，是商纣王不愿意遵从先王之道。即使是没有像伊尹这样的人，还有先王的典范和刑法可以遵行。但他连这些都不愿遵从，所以才断送了整个王朝。"说的就是这个道理。

【原文】

古之所谓仕士①者，厚敦者也，合群者也，乐可贵②者也，乐分施者也，远罪过者也，务事理者也，羞独富者也。今之所谓仕士者，污漫者③也，贼乱者也，恣睢④者也，贪利者也，触抵者也，无礼义而唯权势之嗜者也。古之所谓处士⑤者，德盛者也，能静者也，修正者也，知命者也，箸是者⑥也。今之所谓处士者，无能而云能者也，无知而云知者也，利心无足而佯无欲者也，行伪险秽而强高言谨悫⑦者也，以不俗为俗，离纵而跂訾⑧者也。

【注释】

①仕士：入仕的士人，也就是做官的人，意义上与下文的"处士"相对。

②乐可贵：以可贵的东西或事情为乐，也就是指君子对个人道德修养的注重。

③污漫者：善于欺骗别人而又内心狡诈的人。

④恣睢（zì suī）：形容人内心凶残暴虐而又放纵自己做坏事的状态。

⑤处士：即出仕的人，也就是所谓的"隐士"。

⑥箸（zhù）是者：指宣传正确主张的人。箸，宣传、宣讲。

⑦谨悫：形容内心谨慎而又诚实可信的样子。

⑧跂訾（qí zǐ）：用踮起脚跟的办法显示自己与众不同的姿态。

【译文】

古代所说的做官的人，都是厚道朴实的人，是能与群众团结一致的人，是重视道德的人，是乐于施舍恩惠的人，是远离罪行的人，是按照事理努力做事的人，是耻于做天下独富的人。而现在所说的做官的人，是卑鄙奸诈的人，是伤害他人、祸乱秩序的人，是放纵恣肆的人，是贪图利益的人，是触犯法令的人，是不遵从礼义规范而贪恋权势的人。古代所说的隐居世外的人，是道德高尚的人，是恬然自得的人，是修行正道的人，是顺从天命的人，是彰显正道的人。而现在所说的隐士，是没有才能而自夸的人，是没有智慧而自以为智慧的人，是贪求利益之心永不满足而又假装毫无贪欲的人，是虚伪污秽而又伪装老实的人，是表现脱俗以示清高而又故作自己与众不同的人。

【原文】

士君子之所能不能为[①]：君子能为可贵，不能使人必贵己；能为可信，而不能使人必信己；能为可用，而不能使人必用己。故君子耻不修[②]，不耻见污；耻不信，不耻不见信；耻不能，不耻不见用。是以不诱于誉，不恐于诽，率道而行，端然[③]正己，不为物倾侧[④]，夫是之谓诚君子。《诗》云："温温恭人，维德之基。"此之谓也。

【注释】

①能不能为：即"能为与不能为"，指能做的和不能做的。

②君子耻不修：君子把自己道德上的"不修"看成是一件耻辱的事。耻，以……为耻。

③端然：指端正的样子。

④倾侧：也就是“倾斜”，这里引申为“动摇”。

【译文】

士人君子能做和不能做的事情是：君子能够做到因为品德高尚赢得别人的尊重，但不必一定要别人尊贵自己；能做到因为老实诚信而赢得别人的信服，却不必一定要别人相信自己；能做到因为自己具备才能而赢得别人的重用，却不必一定要别人任用自己。所以君子会因为自己不够高尚而感到羞耻，不因受到别人污蔑而耻辱；会因为自己不够有诚信而感到耻辱，不因不被信任而羞耻；会因为自己才能不够而感到羞耻，不因不被看重而羞耻。所以，能不受荣誉的诱惑，不受诽谤的恐吓，能遵从于天地的道义，能够严于律己，能不因外界事物而神魂颠倒的人，才是真正的君子。《诗经》中说：“对别人温和而谦恭，把道德作为做人的标准。”说的就是这个意思。

七、儒效

【原文】

君子之所谓贤者，非能遍能人之所能之谓也；君子之所谓知者，非能遍知人之所知之谓也；君子之所谓辩者，非能遍辩人之所辩之谓也；君子之所谓察者，非能遍察人之所察之谓也；有所止矣。相高下，视墝[1]肥，序五种[2]，君子不如农人；通货财，相美恶，辩贵贱，君子不如贾人；设[3]规矩，陈绳墨，便备用，君子不如工人。不恤是非、然不然之情，以相荐撙，以相耻怍[4]，君子不若惠施[5]、邓析[6]。若夫谪德而定次，量能而授官，使贤不肖皆得其位，能不能皆得其官，万物得其宜，事变得其应，慎、墨不得进其谈，惠施、邓析不敢窜其察，言必当理，事必当务，是然后君子之所长也。

【注释】

①垗（qiāo）：指土地贫瘠。

②序五种：合理安排五谷的耕种时间。序，本义为“次序”，这里是“合理安排耕种时间”的意思。

③设：设置，这里为“使用”的意思。

④以相耻怍（zuò）：指小人之间的互相诋毁。

⑤惠施：战国时期宋国人，名家学派的代表人物之一，曾经担任魏国的丞相。

⑥邓析：春秋时期郑国人，曾任郑国大夫，是名家学派的先驱人物。

【译文】

君子口中所谓的“贤能的人”，并非是具备所有才能、无所不能的人；君子口中所谓的“明智的人”，并非是完全知晓别人思想的人；君子口中所谓的“善辩的人”，并非是能辨明别人正在争辩的所有事物的人；君子口中所谓的“详察的人”，并非是能详察别人正在详察的所有意思的人；君子的才能是有一定限度的。在察看地势的高低、辨别土质的肥瘦、安排粮食的种植等方面的才能上，君子比不上农民；在用钱财买卖货物、鉴定货物品质的优劣、决定价格的高低等方面的才能上，君子比不上商人；在设置圆规曲尺的尺寸、为墨线选择适当的位置、娴熟地运用各种工具等方面的才能上，君子比不上匠人；在罔顾是非对错的实情、相互贬抑等方面的才能上，君子比不上惠施、邓析等人。至于通过德行的比较来确定等级次序、通过才能的衡量授予相应官职，从而让贤能的人与不贤的人都能各安其位，使有才能的人和平庸的人都能有适当的安排，让世间的万事万物都得到合理的利用，让各种突发的情况都得到及时的处理，让慎子和墨翟也无法随意发表议论，让惠施、邓析等人也无法发表诡辩的言语，说话的时候一定要合乎理性的要求，做事的时候一定要分出轻重缓急，这些才是君子所擅长的事情。

【原文】

故君子无爵而贵，无禄而富，不言而信，不怒而威，穷处而荣，独居而乐，岂不至尊、至富、至重、至严之情举积此哉？故曰：贵名不可以比周争也，不可以夸诞有也，不可以势重胁也，必将诚此然后就也。争之则失，让之则至；遵道则积，夸诞则虚。故君子务修其内而让之于外，务积德于身而处之以遵道。如是，则贵名起之如日月，天下应之如雷霆。故曰：君子隐而显，微而明，辞让而胜。《诗》曰："鹤鸣于九皋，声闻于天。"此之谓也。

鄙夫反是。比周而誉[1]俞少；鄙争而名俞辱；烦劳以求安利，其身俞危。《诗》曰："民之无良，相怨一方。受爵不让，至于己斯亡。"此之谓也。

【注释】

①誉：通"与"，党羽。

【译文】

所以，君子即使没有官位也能显得高贵，即使没有俸禄也能显得富有，即使不说话也能得到别人的信任，即使不发怒也能树立自己的威严，即使处境窘困也能感到荣耀，即使处境孤独也仍然处在快乐之中，难道不是因为君子把最高贵、最富有、最郑重、最严肃的表象，都在学习中集中体现出来了吗？所以说，高贵的名声不是靠许多人拉帮结派争得的，不是靠自我吹嘘所能够占有的，也不是靠身居权位的威赫胁迫别人而获取的，是必须经过刻苦的学习和积累之后，才能成就的。如果执意争夺名声，反而会失去；如果彼此谦让名声，反而会顺利得到；遵循道义的规范行事，就能让名声得以保持，虚夸欺诈地行事，反而会让名声最终丧失。所以，君子一定要注重修养内在的思想并在行为上保持谦让，一定要积聚自身的美德并以正确的道义理事。如果做到这个，那么高贵的名声就会像太阳和月亮那样赫然升起，天下人就会像雷霆一般热烈地响应。所以说，君子即使隐居起来也会拥有显赫的名声，即使处在卑微的地位上也能拥有显赫的荣耀，即使态度谦让也能远超他人。《诗经》上说："仙鹤即使在九曲沼泽里鸣叫，声音也能直冲到云霄上去。"说的其实就是这个道理。

粗鲁卑鄙的人则采取相反的办法。他们彼此拉帮结伙，但朋党越来越少；用卑鄙的手段争夺高贵的名声，得到的却让他们羞耻；他们一心一意地谋求安逸和私利，结果却让自己处在更加危险的境地。《诗经》上说："小人总是不能保持善良的内心，总是在互相埋怨别人。他们争取官位的时候不明白谦让的道理，最终只能走向灭亡。"说的其实就是这种人。

【原文】

故能小而事大，辟之，是犹力之少而任重也，舍粹折无适也。身不肖而诬贤，是犹伛身[①]而好升高也，指其顶者愈众。故明主谲[②]德而序位，所以为不乱也；忠臣诚能，然后敢受职，所以为不穷也。分不乱于上，能不穷于下，治辩[③]之极也。《诗》曰："平[④]平左右，亦是率从。"是言上下之交不相乱也。

【注释】

①伛身：弯曲着自己的背部。

②谲（jué）：通“决”，决然、决断的意思。

③辩：通“办”，办理、处理。

④平（pián）：治理。

【译文】

所以，有的人能力小却一心想做大事，就如同没有大力气却偏要担当重担一样，除了被重担压折了腰杆，就再无其他好的下场了。他们本身称不上贤德却硬要自我吹嘘，妄称贤能，就像身体佝偻的人却一心想要升高一样，越坚持就越遭到更多人指着他的头顶嘲笑他。所以，贤明的君主总是能以人的德行作为官位安排的标准，就是要不乱加任用，从而杜绝混乱的发生；忠诚的臣子确实身怀才能，然后才敢于接受君王的任命，是为了不让自己身陷困境。君主的安排不会引发混乱，臣子的才能让其不至于陷入困境，这就是所谓政治的最高境界了。《诗经》中说：“辅佐君主的臣子都很能干，都能服从君王的命令而不违反。”这里说的就是君主与臣子的关系不交互错乱。

【原文】

井井兮其有理也，严严[①]兮其能敬己[②]也，分分[③]兮其有终始也，猒猒[④]兮其能长久也，乐乐兮其执道不殆也，炤炤[⑤]兮其用知之明也，修修[⑥]兮其用统类之行也，绥绥兮其有文章也，熙熙兮其乐人之臧也，隐隐[⑦]兮其恐人之不当也：如是，则可谓圣人矣。

此其道出乎一。曷谓一？曰：执神而固。曷谓神？曰：尽善挟[⑧]治之谓神，万物莫足以倾之之谓固，神固之谓圣人。

【注释】

①严严：形容威严的样子。

②敬己：让自己受到尊敬，使得别人无法表现出不尊敬的态

度而去侵犯他。

③分分：形容面容坚定的样子。

④猒（yān）猒：形容因心满意足而神态安然的样子。

⑤炤（zhào）炤：形容光明的样子。

⑥修修：形容非常有条理的样子。

⑦隐隐：形容神态忧郁的样子。

⑧挟（jiā）：通“浃”，周遭。

【译文】

有条有理啊，他做起事来都能条分缕析，威风凛凛啊，他能让所有人都尊敬自己，坚定不移啊，他做事有始有终，安详和悦啊，他做事安稳得体，快乐无虞啊，他能坚持原则毫不松懈，明察秋毫啊，他能清楚地运用自己的智慧，勤恳严谨啊，他能遵行礼义法度的约束，神态安详啊，他通晓礼制的根本，和蔼可亲啊，他赞美别人的善行，忧心不止啊，别人会让他的名声终止：做到了这些，就可以称得上是圣人了。

圣人的德行从专一中生发出来。什么叫作专一呢？答案是：坚持神明并保持稳固。什么叫坚持神明并保持稳固呢？答案是：能让天下臻于完美、通体皆治的治国方法就是神明，能使万事万物都无法颠覆的存在就是稳固，能把神明与稳固合二为一的就叫做圣人。

【原文】

圣人也者，道[①]之管也。天下之道管是[②]矣，百王之道一是矣，故《诗》、《书》、《礼》、《乐》之归是矣。《诗》言是，其志也；《书》言是，其事也；《礼》言是，其行也；《乐》言是，其和也；《春秋》言是，其微也。故《风》[③]之所以为不逐[④]者，取是以节之也；《小雅[⑤]》之所以为小者，取是而文之也；《大雅》之所以为大者，取是而光之也；《颂》[⑥]之所以为至者，取是而通之也。天下之道毕是矣。乡是者臧，倍是者亡。乡是如不臧、倍是如不亡者，自古及今，未尝有也。

【注释】

①道：指起最根本作用的政治原则和思想学说。

②是：这里作指示代词，指儒家的学说体系。

③《风》：即《国风》，是《诗经》的一个分类，是对各诸侯国民歌的统称。

④逐：指追逐歪风邪气。

⑤雅：是《诗经》中对朝廷正雅声乐的统称，包括《大雅》、《小雅》两部分。

⑥《颂》：是《诗经》中对宗庙祭祀舞曲的统称。

【译文】

所谓“圣人”，也就是思想原则的枢纽。天下所有的道义原则都汇集在他这里，历代君王的治国之道也都汇集在他这里。所以《诗经》、《尚书》、《礼经》、《乐经》也都被归属到他这里。《诗经》主要是在讲述其意志；《尚书》主要是在讲述其政事；《礼经》主要是在讲述其行为；《乐经》主要是在讲述其和谐的心情；《春秋》主要是在讲述其中的微言大义。因此，《国风》之所以能不流于放荡，是因为受到了节制；《小雅》之所以成其为“小雅”，是因为其被赋予润饰、美化的作用；《大雅》之所以成其为“大雅”，是因为其被赋予发扬光大的任务；《颂》之所以能代表诗的最高成就，是因为得到了精神贯通。天下所有的道义原则都被集中在“圣人”这里。顺应它就会变得更加昌盛，背离它就会走向灭亡。顺应它却没有昌盛，违背它却没有走向灭亡，从古到今，这样的事情还没有发生过。

【原文】

不闻不若闻之，闻之不若见之，见之不若知之，知之不若行之。学至于行之而止矣。行之，明也，明之为圣人。圣人也者，本仁义，当是非，齐言行，不失毫厘①，无它道焉，已乎行之矣。故闻之而不见，虽博必谬；见之而不知，虽识②必妄；知之而不行，虽敦必困。不闻不见，则虽当，非仁也，其道百举而百陷也。

【注释】

①毫厘：原为古代的长度单位，一寸等于十分，一分等于十厘，一厘等于十毫，一毫等于十丝。这里是形容非常微小的数量。

②识（zhì）：牢记、记住。

【译文】

不去听的不如听得到的，听得到的不如亲眼见到的，亲眼见到的不如自己知道的，自己知道的不如亲身实践得来的。能够做到将学到的应用于实践，学问就能达到极致了。亲身实践过了，就能明白其中的事理，明白了其中的事理，也就能称为“圣人”了。所谓“圣人”，也就是能将仁义当作行事的根本，用恰当的方式辨别是非曲直，做到言行一致，相互之间没有丝毫的差错，做到这些并没有什么窍门，而在于能把学到的知识真正地应用在实践中。所以，听来却没有亲眼见到的，即使再多，也肯定会出现错误，亲眼看到了却不知道其中的道理，即使能记住也必然产生虚妄；知道了其中的道理却不付诸实践，那么即使知识积累很多，也会让自己陷入困境。不去聆听智者的教诲，不去观察别人的实践，即使偶尔做对了，也算不上是仁德，按照这种办法做下去，只会做一百次就失败一百次。

秋山烟林图
偶仿四王同笔
并有所增减之
甲子冬日
胡佩衡写

不闻不见，则虽当，非仁也，其道百举而百陷也。

【原文】

故积土而为山，积水而为海，旦暮积谓之岁，至高谓之天，至下谓之地，宇[①]中六指[②]谓之极，涂之人百姓积善而全尽谓之圣人。彼求之而后得，为之而后成，积之而后高，尽之而后圣。故圣人也者，人之所积也。人积耨耕而为农夫，积斵[③]削而为工匠，积反货而为商贾，积礼义而为君子。工匠之子莫不继事，而都国之民安习其服，居楚而楚，居越而越，居夏而夏。是非天性也，积靡[④]使然也。

【注释】

①宇：指极大的空间。

②六指：指上、下、东、西、南、北六个方向。

③斵（zhuó）：古同“斫”，指用刀、斧等锐器砍、劈。

④靡：通“磨”，磨炼、砥砺，表示是受到了外力的影响。

【译文】

所以，把泥土堆积起来就能形成高山，把细流积聚在一起就能形成海洋，把一朝一夕的时间积累起来就叫做年，把最高的地方叫做天，把最低的地方叫做地，把宇宙中的上、下、东、西、南、北六方叫做“六极”，即使是普通百姓，如果能一点点地积累善行，进而达到完美的程度，就能够称为“圣人”。这些都是必须先付出努力，而后才能获得的，都是不断付诸实践才能成功的，都是通过不断积累才能提高的，都是达到尽善尽美的境界后才能圣明的。所以，所谓的“圣人”，其实就是普通人把善行一点一滴地积累起来的结果。人们把锄草耕田的经验积累起来就能成为农夫，把砍削的经验积累起来就能成为木匠，把贩卖货物的经验积累起来就能成为商人，把遵行礼义的经验积累起来就能成为君子。工匠的儿子通常都会继承父业，城里的人也会安于他们所从事的风俗习惯。就像楚国人会遵从楚国的风俗习惯，越国人会遵从越国的风俗习惯，中原地带的人会遵从中原地带的风俗习惯。这些都不是人的天性决定的，都是通过后天的积累和磨炼才产生的结果。

八、王制

【原文】

分均则不偏[①]，势齐则不壹，众齐则不使。有天有地而上下有差，明王始立而处国有制。夫两贵之不能相事，两贱之不能相使，是天数也。势位齐而欲恶同，物不能澹[②]则必争；争则必乱，乱则穷矣。先王恶其乱也，故制礼义以分之，使有贫富贵贱之等，足以相兼临[③]者，是养天下之本也。《书》曰："维齐非齐。"此之谓也。

【注释】

①偏：这里用作动词，指地位上有所偏心的意思。

②澹（dàn）：通"赡"，满足（人们的需求）。

③相兼临：指对全天下进行统治和管理。

【译文】

名分等级均等了就不会有谁受谁统率的问题，势位职权均衡了就不会有谁统一谁的问题，彼此平等了就不会有谁役使谁的问题。自从有了天地就有了上和下的差别，英明的君主登上王位，治理国家的时候也就有了一定的制度和等级。于是，两个地位同等高贵的人不能侍奉彼此，两个地位同等卑贱的人也不能役使彼此，这是符合自然的道理。如果彼此之间拥有同等的权势地位而又有同样的爱好与厌恶，在财物无法满足需要的时候，就一定会发生争夺；争夺就会导致秩序混乱，秩序混乱了就会让社会陷于困顿。前世圣主非常痛恨这种混乱局面的出现，所以制定出礼义规范来区分他们，使人们之间产生了贫穷与富裕、高贵与卑贱的区别，君主能够用这种规范来统治他们，使之成为统治天下的根本。《尚书》上说："要达到整齐划一的目的，在于不让他们整齐划一。"说的就是这个道理。

【原文】

马骇[①]舆则君子不安舆；庶人骇政则君子不安位。马骇舆则莫若静之；庶人骇政则莫若惠之。选贤良，举笃敬，兴孝弟[②]，收孤寡[③]，补贫穷，如是，则庶人安政矣。庶人安政，然后君子安位。传曰："君者，舟也；庶人者，水也；水则载舟，水则覆舟。"此之谓也。

【注释】

①骇：害怕、恐惧。

②孝弟（tì）：也就是"孝悌之义"，指的是孝敬父母、友爱兄弟姐妹。弟，通"悌"。

③孤寡：指失去了父母的少年和丧失了儿女的老人。

【译文】

驾车的马受惊狂奔，君子就无法在车中稳坐；老百姓受到苛政的惊扰，君子就无法再安稳地统治国家。驾车的马受了惊，最好的办法是让它安静下来；老百姓受苛政惊扰，最好的办法是君子向他们施舍恩惠。所以，从百姓中选拔德才兼备的人，选用忠厚谦恭的人，提倡孝顺父母、敬爱兄长的风气，收养孤儿和寡妇，补助生活贫困的人，做到这些就能让老百姓服从政治统治了。只有老百姓服从政治统治，才能让君子安居于本来的位置。所以古书上说："做君主的就像是船，老百姓就像是水；水能让船浮在水面上，也能将船打翻在水底。"说的就是这个道理。

【原文】

故君人者，欲安则莫若平政爱民矣，欲荣则莫若隆礼敬士矣，欲立功名则莫若尚贤使能矣，是君人者之大节也。三节者当，则其余莫不当矣。三节者不当，则其余虽曲当，犹将无益也。孔子曰："大节①是也，小节是也，上君也。大节是也，小节一出焉，一入焉，中君也。大节非也，小节虽是也，吾无观其余矣。"

【注释】

①大节：指关系重大的关键之处，对于君王来说，也就是国家的生死存亡。

【译文】

所以，作为统治者的君主，如果想政治稳定，就没有比公平执政、爱护人民更好的了；想要政治荣耀，没有比尊崇礼义、重用士人更好的了；想要创立功业和名望，没有比崇尚贤良、重用有才能的人更好的了；这是做好君主的关键之处。这三个关键之处做得恰当，那么其余的就没有什么不恰当的了。这三个关键之处做得不恰当了，其余的即使全都恰当，也是毫无用处的。所以，孔子说："在大的方面做对，小的方面也做对的，是上等的君主。在大的方面做对，小的方面有对有错，是中等的君主。在大的方面做错，小的方面即使全对，没有必要看其他方面，就知道这是下等的君主了。"

【原文】

水火有气①而无生，草木有生而无知，禽兽有知而无义，人有气、有生、有知，亦且有义，故最为天下贵也。力不若牛，走不若马，而牛马为用，何也？曰：人能群，彼不能群也。人何以能群？曰：分。分何以能行？曰：义。故义以分则和，和则一，一则多力，多力则强，强则胜物，故宫室可得而居也。故序四时，裁万物，兼利天下，无它故焉，得之分义也。故人生不能无群，群而无分则争，争则乱，乱则离，离则弱，弱则不能胜物，故宫室不可得而居也，不可少顷舍礼义之谓也。

【注释】

①气：古代人认为其构成了世间的万事万物，是一种物质性的东西，也是中国古代的哲学基础。

【译文】

水、火有气却没有生命，草木有生命却没有知觉，禽兽有知觉却没有道义可言，人类有气、有生命、有知觉，并且还讲求道义，所以人类是天下万物中最尊贵的生物。人类在力气上不如牛，在速度上不如马，但是能够驾驭牛、马，这是为什么呢？答案是：人类能形成社会群体，牛、马却不能结成社会群体。为什么人类能结成社会群体呢？是因为人类有等级名分的区别。为什么人类能实行等级名分呢？是因为人类有道义的观念。所以，人类从道义出发区分了名分，从而能和睦共处，做到和睦共处从而实现团结一致，实现了团结一致从而具有强大的力量，力量强大了就能实现强盛，强盛了也就有了战胜外物的能力，所以人类才可以安居在房屋中。人类能够依四季的顺序，管理好世间的事物，让天下都从这种秩序中得到利益，这并没有别的缘故，只是因为人类区分了名分和道义。所以，要想生活下去，人类就不能没有社会群体，但如果没有等级名分的区分，社会群体就会产生争夺，从而引发动乱局面，进而就会离心离德，进而让社会群体的力量削弱，进而使人类无法战胜外物，最终让人类无法再安居在房屋中，这就是为什么人类片刻不能舍弃礼义规范的缘故了。

【原文】

能以事亲谓之孝，能以事兄谓之弟，能以事上谓之顺，能以使下谓之君。君者，善群也①。群道当则万物皆得其宜，六畜②皆得其长，群生皆得其命。故养长时则六畜育，杀生时则草木殖，政令时则百姓一，贤良服。

【注释】

①君者，善群也：这里是用“群”来解释“君”，这种解释方法在古代典籍中经常能够见到，并在训诂学中形成了一种独特的传统，也就是所谓的“声训”，即用读音相近的字解释另外一个字的现象。

②六畜：即古人生活中的六种主要动物，包括鸡、狗、猪、马、牛、羊。

【译文】

能按照礼义规范侍奉父母的叫做孝，能按照礼义规范侍奉兄长的叫做悌，能按照礼义规范侍奉君主的叫做顺，能按照礼义规范役使臣民的叫做君。所谓君主，也就是善于组织人类形成社会群体的人。如果形成社会群体的组织原则恰当，那么世间万物都能得到恰当的安排，六畜都能按照各自的生长规律生长，一切生命也都能活够本来的寿命。所以，只有适时地饲养，六畜才能兴旺繁育；收种时机恰当，草木才能茂盛地繁殖；国家政令颁布得恰当及时，老百姓的力量才能得到统一，品德高尚的才学之士才会心悦诚服地接受重用。

【原文】

圣王之制也，草木荣华①滋硕之时，则斧斤不入山林，不夭其生，不绝其长也；鼋[②]鼍[③]、鱼鳖、鳅鳣[④]孕别之时，罔罟[⑤]、毒药不入泽，不夭其生，不绝其长也；春耕、夏耘、秋收、冬藏四者不失时，故五谷不绝而百姓有余食也；洿池[⑥]、渊沼、川泽谨其时禁，故鱼鳖优多而百姓有余用也；斩伐养长不失其时，故山林不童而百姓有余材也。

圣王之用也，上察于天，下错[⑦]于地，塞备天地之间，加施万物之上，微而明，短而长，狭而广，神明博大以至约。故曰：一与一，是为人者，谓之圣人。

【注释】

①荣华：泛指植物花朵盛开的样子。荣，指草本植物的花开。华，指木本植物的花开。

②鼋（yuán）：即“大鳖”，其头上长有大疙瘩，背部青黄色，所以又被称为“癞头鼋”。

③鼍（tuó）：也就是扬子鳄，俗称“猪婆龙”，因常见于长江而得名。

④鳣（shàn）：通“鳝”，一种淡水鱼类。

⑤罔罟（gǔ）：渔网。罔、罟同义，都指渔网。

⑥洿（wā）池：指蓄水的河沟、池塘等。

⑦错：通“措”，举措、采取措施。

【译文】

圣明的帝王应该施行的制度是：当草木正在开花结果的时候，不准许樵夫进入山林采伐，这是为了让幼小的生命得到生长、繁殖；鼋、鼍、鱼、鳖、泥鳅、鳝鱼等河池生物受孕产卵时，不准用渔网、毒药等捕捞、毒杀它们，这是为了让幼小的生命得以不断繁殖、生长；春天耕种、夏天锄草、秋天收获、冬天储藏，这四件农事能够不错失时机，五谷就能得到不断生长，从而让百姓得到多余的粮食；在规定的时间里，禁止在池塘、水潭、河流、湖泊中捕捞，鱼、鳖就会丰饶繁多，老百姓就会有吃用不尽的食物；能按照时节的变化砍伐、培育树木，山林中就会有足够百姓使用的木材。

所以，圣明的帝王所能产生的作用是：上能明察天时的变化，下能安排好老百姓对土地的开发；其作用充满天地之间，对世间万物都产生作用，这种作用有时隐微有时明显，有时短暂有时长久，有时狭促有时广阔，有时圣明广博有时极其简要。所以说，用统一的礼义规范来统摄世间一切事物的人，就叫做圣人。

【原文】

殷之日，案以中立无有所偏而为纵横之事①，偃然案兵无动，以观夫暴国之相卒②也。案平政教，审节奏，砥砺百姓，为是之日，而兵刬天下劲矣；案修仁义，伉③隆高，正法则，选贤良，养百姓，为是之日，而名声刬④天下之美矣。权者重之，兵者劲之；名声者美之。夫尧、舜者，一天下也，不能加毫末于是矣。

【注释】

①纵横之事：也就是著名的“合纵”、“连横”的故事。战国时期，东方六国与西方的秦国存在着巨大的矛盾，为了抗衡秦国的蚕食，苏秦提出联合六国力量来抗衡秦国的计策，因为东方六国在地理位置上呈南北方向排列，所以被称为“合纵”。为了对抗东方六国的“合纵”之术，秦国人采纳张仪的计策，用“远交近攻”的方法将六国拆散，因为秦国与东方六国是东西排列的，所以被称为“连横”。

②相卒：相互攻击对方。

③伉（kàng）：形容程度极深，达到了极点。

④刬（zhuān）：单独占有。

春風三友
青杉書屋
士楨

足国之道：节用裕民，而善藏其余。
节用以礼，裕民以政。

【译文】

在国家殷实强盛的时候，要以中立而没有偏袒的态度从事合纵连横的事情，要以偃旗息鼓、按兵不动的态度，静观残暴国家之间的争斗。要确立良好的政治教化，审察施行的礼义制度，锤炼百姓的战斗能力，做到了这一点，国家也就拥有天下最为强劲的军队了；按照仁义的规范行事，推崇高尚的政治氛围，整顿国家的法令，选拔任用贤良之人，让百姓得到休养生息，做到了这一点，国君也就拥有天下最美好的名声了。让国家政权得到巩固，让国家军队最为强劲，让美好的名声远播。即便是像尧、舜那样统一了天下的人，也无法在这三个方面再增加一丝一毫了。

九、富国

【原文】

足国之道：节用裕民，而善臧①其余。节用以礼，裕民以政。彼裕民，故多余；裕民，则民富。民富，则田肥②以易；田肥以易，则出实百倍。上以法取焉，而下以礼节用之。余若丘山，不时焚烧，无所臧之。夫君子奚患乎无余？故知节用裕民，则必有仁义圣良之名，而且有富厚丘山之积矣。此无它故焉，生于节用裕民也。不知节用裕民，则民贫；民贫，则田瘠以秽，田瘠以秽，则出实不半。上虽好取侵夺，犹将寡获也；而或以无礼节用之，则必有贪利纠谲之名，而且有空虚穷乏之实矣。此无它故焉，不知节用裕民也。《康诰》曰："弘覆乎天，若德裕乃身。"此之谓也。

【注释】

①臧：通“藏”。

②肥：使……变得肥沃。

【译文】

让国家变得富足的方式：节约费用，让民众富裕起来，并且能妥善地储存盈余的财富。节省费用的方式必须以相应的等级为标准，而保证民众生活宽裕则必须由各种政治措施提供保障。节约费用的结果是出现剩余的财物，从而使财富出现宽余，民众实现富足。民众富足了，农田才会得到更好的治理，民众也会施粪肥田，精心耕作，从而生产出百倍于今的谷物来。国君依照法律规定的标准征税，而臣民则按照礼制的规定节约使用。做到了这些，就能有堆积如山的余粮，即使时常遭到大火焚毁，也还是能多到没有地方储存它们。君子们哪里还用忧虑没有盈余的粮食呢？所以，明白了节约费用的道理，让民众富裕起来，才能获得仁义贤良的美好名声，以及拥有比山丘还要丰厚的财富。这并没有什么别的原因，仍然是从节约、裕民的方法中而来。不明白节约费用并让民众生活富裕的道理，就会让民众变得更加贫穷；民众更加贫穷，农田就会变得贫瘠、荒芜；农田变得贫瘠、荒芜，粮食产出甚至可能低于正常收成的一半。如果这样，即使国君加大侵占掠夺的比重，所得的财富依然会很少；如果不能依照礼制的规定节约使用，那么贪利剥取的名声就会戴在国君的头上，并让粮仓因此而变得空虚、匮乏。这也没有别的什么原因，是君主不明白节约费用以使民众富裕的道理。《康诰》上说：“国君庇护他的民众，就应该像上天覆盖着大地一样，只有遵行礼义的规范，顺从德行的要求，才能得到真正的富裕。”说的就是这个道理。

【原文】

礼者，贵贱有等，长幼有差，贫富轻重[①]皆有称[②]者也。故天子袾褖[③]、衣冕[④]，诸侯玄褖、衣冕，大夫裨[⑤]、冕，士皮弁[⑥]、服。德必称位，位必称禄，禄必称用。由士以上则必以礼乐节之，众庶百姓则必以法数制之。量地而立国，计利而畜民[⑦]，度人力而授事，使民必胜事，事必出利，利足以生民，皆使衣食百用出入相掩[⑧]，必时臧余，谓之称数。故自天子通于庶人，事无大小多少，由是推之。故曰："朝无幸位，民无幸生。"此之谓也。

【注释】

①轻重：这里指的是等级上的尊卑贵贱。

②称：彼此相称，适合彼此。

③袾褖（zhū gǔn）：绘有卷曲龙形图案的红色礼服。袾，大红色。

④冕：指古代大夫以上贵族阶级所戴的礼帽，等同于冠。

⑤裨（pí）：是一种诸侯卿大夫穿着的象征身份的礼服。

⑥皮弁（biàn）：一种象征士人地位的用白鹿皮做成的帽子。

⑦畜民：蓄养民力，这里指的是安排农民的工作、役使民力等。

⑧出入相掩：指收入与支出数量相同，也就是所说的收支平衡。

【译文】

所谓的"礼制"，其实就是为贵贱划分出一定的等级，给长幼确立起一定的秩序，让贫富尊卑各自遵从各自的规定。所以，天子选择红色的布料做衣袍，戴象征君权的帽冠，诸侯选择黑色的布料做衣袍，戴象征诸侯地位的礼帽，大夫穿裨制的衣服，戴象征大夫地位的礼帽，士人穿白色的褶子裙，戴象征士人地位的白鹿皮帽子。也就是说，品德一定要和地位对等，职位一定要和俸禄对等，俸禄一定要和费用对等。士人以上的等级一定要用礼义规范和音乐来进行约束和调节，对于群众百姓则需要用法度的力量进行统辖和管制。以土地多少为标准分封诸侯，根据对利益的多少来蓄养民力，根据能力的大小来任命职位，一定要让人民一定能胜任自己的劳作，劳作一定能产生效益，产出的利益又足够用来养活更多的民众，让他们在穿的、吃的以及其他方面的费用支出与收入相抵，必要的时候把多余的钱粮储藏起来，这样的情况就叫做“合乎法度”。从君主到百姓，事情没有大小多少的分别，都能够用这种方法类推。所以说：“朝堂上没有无缘无故设置的职位，国家没有游手好闲就能侥幸存活的百姓。”说的就是这个道理。

【原文】

若夫重色而衣之，重味而食之，重财物而制之，合天下而君之，非特以为淫泰也，固以为王天下、治万变、材万物、养万民、兼制天下者为莫若仁人之善也夫。故其知虑足以治之，其仁厚足以安之，其德音足以化之。得之，则治；失之，则乱。百姓诚赖其知也，故相率而为之劳苦以务佚之，以养其知也；诚美其厚也，故为之出死断亡以覆[①]救之，以养其厚也；诚美其德也，故为之雕琢刻镂、黼黻[②]文章以藩饰之，以养其德也。故仁人在上，百姓贵之如帝，亲之如父母，为之出死断亡而愉者，无它故焉，其所是焉诚美，其所得焉诚大，其所利焉诚多也。《诗》曰：“我任我辇，我车我牛，我行既集，盖云归哉！”此之谓也。

【注释】

①覆：保卫、捍卫。

②黼（fǔ）黻：本指华美并绣着花纹的礼服，后来多用来指

帝王或诸侯穿的官服。

【译文】

至于穿着华丽多彩的衣服，享用美味多样的食品，积聚丰厚繁多的财物并控制它的使用，把整个天下都统辖到自己的手里并进行统治，这不是要用它们制造奢侈放荡的局面，而不过是认为能够统摄天下、治理各种事变、对万物进行管理和利用、蓄养天下的民众、让天下人都从中获得好处的人，实在没有比仁德的君子更好的人选了。所以，仁德的君子用自己的智慧就能够治理民众，用仁厚的内心就能够安抚民众，用他的道德和声望就能够感化民众。以这样的人治理天下，天下也就安定了；如果失去这样的人，天下就会陷入混乱的境地。民众真的是依赖了他的智慧，所以才愿意以自己的劳动代替他从而让他保持安逸，并以此来养护他的智慧；民众真的是赞美他内心的仁厚，所以才愿意出生入死地保卫他，来养护他的仁厚；民众真的是赞赏他的德行，所以，才为他制作了各种雕制着图案的器具、制作出各种精美华丽的服饰，以此来养护他的德行。所以，仁德的君子处在君位上，老百姓就像尊敬上天一样地尊重他，像敬爱自己的父母一样地敬爱他，甚至是心甘情愿地为他付出生命，这并没有什么别的原因，只是因为君子的主政实在是好的，所以他取得的成就也实在大，带给人民的好处也实在多。《诗经》上说："我们背着粮食或者用车拉着粮食，我们用车拉着粮食或者用牛拉着车子，我们的运输已经完成，然后让我们像云朵一样散去。"说的就是这个意思。

【原文】

故曰："君子以德，小人以力。力者，德之役也。"百姓之力，待之而后功；百姓之群，待之而后和；百姓之财，待之而后聚；百姓之势，待之而后安；百姓之寿，待之而后长。父子不得不亲，兄弟不得不顺，男女不得不欢。少者以长，老者以养。故曰：天地生之，圣人成之[①]。此之谓也。

【注释】

①圣人成之：指圣人借助礼义规范的教化力量，让自然状态下的人变成了真正的人。

【译文】

所以说："君子凭借的是自己的德行，小人凭借的是自己的劳力。用劳动力生活的人，要被用德行的人所役使的。"普通百姓的体力劳动，要经过君子的教化才有成效；百姓在一起群居生活，要经过君子的教化才能变得和睦；百姓所能掌握的财物，要经过君子的教化才能慢慢得以积聚；百姓在社会中的地位，要经过君子的教化才能安定下来；百姓存活时间的长短，要经过君子的教化才能变得足够长久。缺少了君子的教化，父子之间就无法继续相互亲爱，兄弟之间就无法继续保持和睦，夫妻之间就无法继续相互欢悦对方。青少年要经过君子的教化才能成长，老年人要经过君子的教化才能颐养天年。所以说："他们要依靠天地的养育，也要依靠圣人的成就和教化。"说的就是这个道理。

【原文】

兼足天下之道在明分。掩地表亩[①]，刺屮[②]殖谷，多粪肥田，是农夫众庶之事也。守时力民，进事长功，和齐百姓，使人不偷，是将率[③]之事也。高者不旱，下者不水，寒暑和节，而五谷以时孰，是天下之事也。若夫兼而覆之，兼而爱之，兼而制之，岁虽凶败水旱，使百姓无冻餧之患，则是圣君贤相之事也。

【注释】

①掩地表亩：掩盖地面，用标记表示面积，引申为开垦荒地

种植庄稼。表，标记、记号。亩，这里是地垄的意思。

②屮："草"的古代异形字。

③率：通"帅"，将帅。在春秋战国时期，将帅战时率领军队出征，平时则负责管理民众从事耕种等农业活动，也可以看作是最底层的行政长官。

【译文】

让天下变得普遍富足的方法在于明确每个人的职分。开垦荒野，用田垄做好标记，清除田里的杂草，在上面种满谷物，施加足够的肥料以使土地变得肥沃，这些都是百姓应该做的事情。在恰当的农时使用农民的力量，来促进粮食生产，增加收益，协调百姓之间的关系使他们重新变得和睦，督促他们不偷懒，这些都是将帅应该做的事情。让高地不因缺水而干旱，让洼地不因积水而受涝，让百姓的劳动与寒暑节令相适宜，在正确的时节收获成熟的庄稼，这些都是上天应该做的事情。至于为百姓提供庇护，让百姓受到爱抚，全面地管理他们，让百姓即使是在旱涝灾害发生的时候，也不会出现饥寒交迫的祸患，这些都是圣明的君主和贤德的宰相应该做的事情。

【原文】

天下之公患，乱伤之也。胡不尝试相与求乱之者谁也？我以墨子之"非乐"也，则使天下乱；墨子之"节用"也，则使天下贫。非将隳[①]之也，说不免焉。墨子大有天下，小有一国，将蹙然[②]衣粗食恶，忧戚而非乐[③]。若是，则瘠；瘠，则不足欲；不足欲，则赏不行。墨子大有天下，小有一国，将少人徒，省官职，上功劳苦，与百姓均事业、齐功劳。若是，则不威；不威，则罚不行。赏不行，则贤者不可得而进也；罚不行，则不肖者不可得而退也。贤者不可得而进也，不肖者不可得而退也，则能不能不可得而官也。若是，则万物失宜，事变失应，上失天时，下失地利，中失人和，天下敖然，若烧若焦；墨子虽为之衣褐[④]带索[⑤]，嚽菽饮水[⑥]，恶能足之乎？既以伐其本，竭其原，而焦天下矣。

【注释】

①隳（huī）：诋毁。

②蹙（cù）然：形容局促不安的样子。

③忧戚而非乐：指墨子因为对民众的疾苦忧心忡忡，所以对音乐持反对的意见。

④褐：褐色的衣服，也就是粗布制成的衣服。

⑤带索：指用粗绳索当腰带。带，这里是名词用作动词，当腰带用。

⑥嚽菽（chuò shū）饮水：形容生活状况非常清苦。嚽，通“啜”，吃。菽，原指豆类植物，这里指豆类植物的嫩叶。

【译文】

天下遭受的共同的祸患，是混乱造成的。为什么不聚集起来，一起探求造成混乱的人是谁呢？我认为，墨子的“非乐”主张，就是让天下陷于混乱的根源；墨子的“节用”主张，就是造成天下贫穷的根源。这并非是在对墨子故意毁谤，而是因为他的主张无法避免地会导致这种结果。如果让墨子成为天下或者诸侯国的主宰，他就会愁眉苦脸地穿粗布做的衣服，进食粗茶淡饭，还会忧愁地反对享乐。如果这样的话，人们的生活享受一定会变得非常微薄；生活变得微薄，也就不再值得追求；不再值得追求，奖赏也就无法继续起作用。如果墨子成为天下或是诸侯国的主宰者，就会减少仆从的数量，精简官员的职位，崇尚辛勤的劳动，跟老百姓一起做同样的事情，享用同样的功劳。如果这样的话，国君就会变得没有威严；没有了威严，君主的赏罚就不能推行下去。奖赏得不到推行，贤人就无法得到提拔任

赏行罚威，则贤者可得而进也。

用；处罚得不到推行，奸邪的小人就无法遭到罢免贬斥。贤人无法得到提拔任用，奸邪的人无法遭到罢免贬斥，那么能力高的人和能力低的人就会得不到适当的任命。如果这样的话，世间万物之间的关系就会变得不协调，各种突发事件就会得不到处理；对于君主而言，会错失有利的天时，对于老百姓而言，会丧失合宜的地利，对于士人君子而言，则会丧失赖以合作的人和，那么天下就会变得如同正在经受煎熬一样；即便墨子也只是穿粗布做的衣服、用粗绳束腰、用豆叶做干粮、喝白水，又如何能让老百姓富足起来呢？既然已经从根本上导致了伤害，又斩断了百姓富足的源头，那么天下的财富也只能慢慢枯竭了。

【原文】

故先王圣人为之不然，知夫为人主上者不美不饰之不足以一民也，不富不厚之不足以管下也，不威不强之不足以禁暴胜悍也。故必将撞大钟、击鸣鼓、吹笙竽、弹琴瑟以塞其耳，必将錭[①]琢刻镂、黼黻文章以塞其目，必将刍豢[②]稻粱、五味[③]芬芳以塞其口；然后，众人徒、备官职、渐庆赏、严刑罚以戒其心，使天下生民之属，皆知己之所愿欲之举在是于也，故其赏行；皆知己之所畏恐之举在是于也，故其罚威。赏行罚威，则贤者可得而进也，不肖者可得而退也，能不能可得而官也。若是，则万物得宜，事变得应，上得天时，下得地利，中得人和，则财货浑浑[④]如泉源，汸汸[⑤]如河海，暴暴[⑥]如丘山，不时焚烧，无所臧之，夫天下何患乎不足也？故儒术诚行，则天下大而富，使有功，撞钟击鼓而和。《诗》曰："钟鼓喤喤，管磬玱玱，降福穰穰[⑦]。降福简简，威仪反反[⑧]。既醉既饱，福禄来反。"此之谓也。

【注释】

①錭（diāo）：通"雕"，雕刻、镂刻。

②刍（chú）豢：泛指各种可供肉食的家畜，可引申为肉食。刍，指吃草料并反刍的牛羊等动物。豢，指吃粮食的猪狗等动物。

③五味：指酸、甜、苦、辣、咸五种口味，对应的食物为用醋、蜜、酒、姜、盐等五种调味品烹制出来的美食。

④浑浑：形容水流翻滚涌动的样子。

⑤汸（pāng）汸：形容水量宏大、水流盛大的样子。

⑥暴暴：形容动作很突然的样子。

⑦穰（ráng）穰：形容粮食获得了大丰收，谷物满仓的样子。

⑧反（bǎn）反：形容容貌慎重而和善的样子。反，通“板”。

【译文】

所以，上古圣明的君主们都不选择这样的做法，他们知道作为一国的君主，如果不制定礼仪制度就无法统一民心，不能让百姓生活富足、丰厚就无法管理自己的臣民，不树立自己的威严、拥有强大的实力就无法制止残暴、战胜凶悍。所以，一定要用适当的礼仪制度，让听觉上的欲望得到满足，一定要用给器物雕上花纹、给礼服绘制上图案，让自己视觉上的欲望得到满足，一定要用品尝各种肉食、细粮及美味佳肴，让自己口腹的欲望得到满足；此外，还要增加随从的数量，在朝堂中配备更多的官职、加大奖赏的力度、增加刑罚严厉的程度来儆戒人们的内心，让天下所有的臣民都明白，个人所有的希望都在君主这里，所以才能让奖赏的制度推行下去；让天下所有的臣民都明白，个人所畏惧的东西都在君主这里，所以才能让处罚的制度推行下去。奖赏能够推行，处罚能够显示出威力，这样贤人就能得到提拔任用，奸邪之人就会遭到罢免驱逐，能人和庸人就都能处在合适的位置上。做到这些，世间万物之间就能变得更加协调，事件突发之后就能得到及时的处理，君王可以得到天时，老百姓可以得到地利，中间的士人君子就能得到人和，财物也就会像激流一样涌来，浩浩荡荡的景象就像壮阔的江河海洋，高大堆积的样子就如同高山一样险峻，即便时常会遭到大火的焚毁，也还是会有更多的财富没有地方贮藏，哪还值得担心财物亏缺呢？所以，如果儒家的学说真的能够推行天下，天下就会出现平安而富足的局面，百姓就会接受君王的奴役并卓有成效，连敲钟打鼓也能奏出和谐的乐章。《诗经》中说："钟鼓被咚咚地敲响，管磬奏鸣声锵锵，天上降下巨大的福瑞。上天赐予的福分宽且广，仪容显得威严而又端庄。酒醉饭饱带来无量的功德，福禄源源不断地到来万年不息。"说的就是这种情况。

【原文】

观国之强弱贫富有征：上不隆礼，则兵弱，上不爱民，则兵弱；已诺不信，则兵弱；庆赏不渐[①]，则兵弱；将率不能，则兵弱。上好功，则国贫；上好利，则国贫；士大夫众，则国贫；工商众，则国贫；无制数度量[②]，则国贫。下贫，则上贫；下富，则上富。故田野县鄙[③]者，财之本也；垣窌[④]仓廪者，财之末也。百姓时和[⑤]、事业得叙者，货之源[⑥]也；等赋府库者，货之流也。故明主必谨养其和，节其流，开其源，而时斟酌[⑦]焉，潢然使天下必有余，而上不忧不足。如是，则上下俱富，交无所藏之，是知国计之极也。故禹十年水，汤七年旱，而天下无菜色者；十年之后，年谷复孰，而陈积有余。是无它故焉，知本末源流之谓也。故田野荒而仓廪实，百姓虚而府库满，夫是之谓国蹶。伐其本，竭其源，而并之其末，然而主相不知恶也，则其倾覆灭亡可立而待也。以国持之，而不足以容其身，夫是之谓至贪，是愚主之极也。将以求富而丧其国，将以求利而危其身，古有万国，今有十数焉，是无它故焉，其所以失之一也。君人者，亦可以觉矣。百里之国，足以独立矣。

【注释】

①渐：增加、丰富。

②制数度量：这些都表示古代的法度。制，表示的是布帛的幅面。数，表示的是一二三四的数量。度，表示的是长度单位，如尺、寸等。量，表示的是容量单位，如石、斗等。

③县鄙：泛指国都之外的某个乡村。县、鄙，都是古代的行政区域名称，周代规定每五百家为一鄙，每五鄙为一县。

④垣窌（yuán jiào）：指粮囤和酒窖。垣，原指矮墙，这里指粮仓。

⑤和：形容百姓和谐而安定的样子。

⑥货之源：财富的源头。先秦时期，“财”专指粮食布帛等生活资料，“货”则是指钱币，但通常会与“财”同义，都可以统称为“财富”。

⑦斟酌：原是筛酒的专用词，筛得多了叫作“酌”，筛得少了叫作“斟”，用在这里则是指根据收成的多少、好坏，适当调节税收、赈济等的多少。

【译文】

一个国家的强弱贫富是可以从一定的征兆上看出来的：君主不尊奉礼义规范，这个国家的兵力就衰弱；君主不爱护自己的臣民，这个国家的兵力就衰弱；君主不爱惜自己的信誉，这个国家的兵力就衰弱；实行的奖赏不丰厚，这个国家的兵力就衰弱；选择没有才能的人做将帅，这个国家的兵力就衰弱。君主喜好夸耀自己的功德，这个国家就贫穷；君主喜欢积聚巨大的财富，这个国家就贫穷；君主喜欢任用众多的管理者，这个国家就贫穷；从事工商业的人口众多，这个国家就贫穷；缺少规章制度的约束，这个国家就贫穷。下层的民众生活贫穷，这个国家的君主就必定贫穷；下层的民众生活富裕，这个国家的君主就必定富裕。所以乡野和村落是财物的根本来源，粮囤酒窖仓储等是财物的末梢。老百姓顺应天时的安排，加上适宜的耕作，就能创造源源不断的财富；以等级为标志征收赋税来充盈国库，是财富的末流。所以圣明的君王会谨慎地顺应时节，在节约支流的同时开拓源头，并且能态度谨慎地考虑这些问题，从而让天下的财富越积越多，让国家再也不用担忧财物的贫瘠了。如果这样的话，无论是上层还是下层都会变得生活富足，都会没有用来储藏财富的地方，这就是极度明白了国计民生的道理。所以，即使禹那个时代经历了十年水灾，商汤那个时代遇到了七年旱灾，但天下的人民都没有出现饥饿的状况；十年以后，谷物又丰收了，而原来的储备粮还没有吃完。这只是因为他们明白了处理本末、源流之间的关系。所以，田野荒芜而国家还有充足的储粮，百姓变得非常贫乏而国家有满满的财富，这样的国家是必然会走向灭亡的。因为国君的做法是在让根本断掉，让源头枯竭，是把财物都集中到国君的手中，而君主、宰相却还不知道危险已经出现，灭亡的时刻很快就会到来。聚敛整个国家的财富供养自己却还是嫌不够，这就是极其贪婪、愚蠢至极的君主。原本希望变得富有却丧失了整个国家，原本希望获得利益却危及自身的安全，这就是古时候有上万个国家到现在只剩下十几个，这没有什么别的缘故，让他们丧国的原因只有这一个。所以统治人民的国君，也到觉悟的时候了。如果以这样的方式管理国家，即使是只有百里见方的小国，也是完全能够独立存在的。

【原文】

凡攻人者，非以为名，则案以为利也；不然，则忿之也。

仁人之用国，将修志意，正身行，伉隆高，致忠信，期文理[①]。布衣紃屦[②]之士诚是，则虽在穷阎[③]漏屋，而王公不能与之争名；以国载之，则天下莫之能隐匿也。若是，则为名者不攻也。

将辟田野，实仓廪，便备用，上下一心，三军[④]同力。与之远举极战，则不可。境内之聚[⑤]也保固，视可，午[⑥]其军，取其将，若拨麰[⑦]；彼得之不足以药伤补败。彼爱其爪牙，畏其仇敌。若是，则为利者不攻也。

将修大小、强弱之义以持慎之，礼节将甚文，珪璧将甚硕，货赂将甚厚，所以说之者必将雅文辩慧之君子也。彼苟有人意焉，夫谁能忿之？若是，则忿之者不攻也。

为名者否，为利者否，为忿者否，则国安于盘石，寿于旗、翼[⑧]。人皆乱，我独治；人皆危，我独安；人皆失丧之，我按起而制之。故仁人之用国，非特将持其有而已矣，又将兼人。《诗》曰："淑人君子，其仪不忒[⑨]。其仪不忒，正[⑩]是四国。"此之谓也。

【注释】

①期文理：遵守礼义规范的法度。期，通"綦"。

②布衣紃屦（xún jù）：指士人出身于平民，地位上非常低微。紃屦，用麻绳编成的鞋子。

③阎：里巷、简陋的小巷。

④三军：是对军队的一种统称。先秦时代，诸侯国大多会选择在春夏时节组织起三军进行操练，一般会将军队分为上军、中军、下军或者左军、中军、右军。

⑤境内之聚：指国境内能够聚集起来的军队。聚，民众，这里指聚拢在一起的军队。

⑥午：通"忤"，叛逆。

⑦麰（fēng）：麦芽。

⑧旗、翼：这里指的是天上二十八星宿中的两个，分别为箕

宿和翼宿。旗，通“箕”。

⑨忒：变更、更改，表疑惑不定。

⑩正：通“长”，“当……的君长、君主”的意思。

【译文】

凡是主动向别国进攻的，要么是为了追求名誉，要么是为了获取利益；否则，就是为了发泄国君的私愤。

有仁德的人在治理国家的时候，非常注意个人意志的修养，端正自己的举止，追求政治上的崇高境界，以忠厚守信来要求自己，完善国家的礼仪制度。穿着普通衣服、脚穿麻绳编织的鞋子的读书人，如果真的能做到这些，即便住在偏僻的里巷与简陋的房屋之中，也能树立起连天子诸侯都比不上的巨大名望；如果有这样的人来治理国家，那就没有人能够遮掩他崇高的德行。如果这样的话，天下追求君子盛名的人就不会举兵来攻打了。

如果有仁德的人主政，就会颁布诏令鼓励垦田，充实国家的仓库，改进各种器械装备的性能，使臣民与君主一心，军队也能共同努力。如果别人对这样的国家发动远征，结果肯定是不行的。因为仁德之君会集合国境内所有的军队，进行坚固的防卫，情况许可的时候还会迎击来敌，俘虏敌方的将领就像掰断麦芽那样容易；而进犯的国家利用战争所得的东西，甚至不够用来支付医治伤员的费用，以及弥补因败战造成的损失。如果他能爱惜自己的将领，对敌国感到惧怕，那么就不会有谋利的别国来攻打了。

如果有仁德的人主政，就会彰显小国同大国、强国同弱国之间的道义，会完善礼节，用硕大的美玉回赠来访的使者，也会收到别国丰厚的献礼，用举止文雅、善辩聪慧的君子做使者去游说他国。如果别国也像他一样通情达理，还有谁会怨恨他呢？如果这样的话，心怀怨恨的人也就不会派兵来攻打了。

谋求名誉的人不兴兵进犯，谋利的人不再举兵攻打，发泄内心私怨的人也不进犯边境，那么国家就会变得像磐石一样稳固安定，像天上的恒星一样永世长存。别国陷入混乱的时候，只有我井井有条；别国陷入危难的时候，只有我保持安稳；别国丧权失国的时候，我便发兵制伏他们。所以，以仁德的君子主政，将不仅能保住自己的国家，还能兼并别国的领土。《诗经》上说："我们理想中的君子，是能够坚持道义不动摇的人。君子坚持道义不动摇，就能使他统治下的国家四方安定。"说的就是这种情况。

十、王霸

【原文】

国者，天下之制利[①]用[②]也；人主者，天下之利势也。得道以持之，则大安也，大荣也，积美之源也；不得道以持之，则大危也，大累也，有之不如无之，及其綦也，索为匹夫不可得也，齐湣[③]、宋献[④]是也。故人主，天下之利势也，然而不能自安也，安之者必将道也。

故用国者，义立而王，信立而霸，权谋立而亡。三者，明主之所谨择也，仁人之所务白也。

【注释】

①利：有利，使……变得便利。

②用：工具，用具。

③齐愍（mǐn）：又称"闵王"，是战国时期齐国的国君，其在位时齐国一度强盛，于公元前288年与秦昭王一起并称为"东

西帝”，并于公元前286年灭亡宋国。公元前284年，齐国遭到其他六国的联合攻击，齐愍王也在燕将乐毅攻陷齐都临淄后逃到莒城，后来被前来救亡的楚国将领淖齿杀掉。

④宋献：即战国时期宋国的末代国君宋康王，名偃，公元前329年自立为君，最终于公元前286年被齐愍王灭亡。

【译文】

国家，是天下最有利的工具；君主，是天下地位最为显赫的位置。用正当的方法取得国家和君主的位置，就能得到最大的安定，最大的荣耀，也会成为让一切美好善行得以汇聚的源泉；用不正当的方法取得国家和君主的位置，将是天下最大的危险，也是天下最大的祸根，得到它还不如得不到它，发展到最严重的状态时，即便君主只想做一个老百姓都变得不可能，齐愍王和宋康王就是这样。所以，一国君主的位置是利用天下之势取得的，不是自行决定的，能让天下安定下来的人，必定是掌握了正确治国道义的人。

所以治理国家的人，确立了道义准则就能称王于天下，树立了自己的信用就能称霸于诸侯，而玩弄权术谋略的把戏就会导致灭亡。对于这三种情况，是上古圣明的君主要谨慎选择的，是内心仁德的人则要明白的道理。

【原文】

国者，天下之大器也，重任也，不可不善为择所[①]而后错[②]之，错之险[③]则危；不可不善为择道然后道之[④]，涂薉[⑤]则塞；危塞，则亡。彼国错者，非封[⑥]焉之谓也，何法之道、谁子之与也。故道王者[⑦]之法，与王者之人[⑧]为之，则亦王；道霸者[⑨]之法，与霸道之人为之，则亦霸；道亡国之法[⑩]，与亡国之人为之，则亦亡。三者，明主之所谨择也，而仁人之所务白也。

【注释】

①所：原指处所，这里喻指当时执政的权臣。

②错：通“措”，放置，引申为“委任”。

③险：危险、险要的地方，这里喻指当时掌权且地位险要的奸臣。

④择道然后道之：选择合适的道路、方法，并予以引导、治理。

⑤薉（huì）：通“秽”，杂乱无章、荒草丛生的样子，喻指黑暗、卑污的政治环境。

⑥封：古代将土堆成堆，作为疆界的符号和标志。

⑦王者：指能称王于天下并奉行王道（如遵从礼义规范、施行仁政、推行教化）的人。

⑧王者之人：指的是能辅佐“王者”施行“王者之道”的大臣。

⑨霸者：指以霸道思想称霸于诸侯之间的人。

⑩亡国之法：指必定会导致亡国的一些做法，如追名逐利、权谋执政等。

【译文】

国家，是天下所有工具中最重要的器具，是天下最重大的责任，所以不能不好好地为它选择合适的地方再稳稳地安置它。如果放置在险恶的地方，国家就会有危险；不能不好好地为它选择正确的治国之道并引导其前行，如果道路上荆棘丛生就会被堵塞；国家面临危险，治国之道又走不通，这样的情况下国家就会走向灭亡。这里提到的对国家的安置，不是要为它确定边界，而是要确定国家遵行哪些办法，选择什么样的人一起来治理国家。所以，实行与上古圣明国君所实行的相同的国法，任用能施行王道的臣子一起治理国家，就能够做全天下的

善择之者，制人；不善择之者，人制之。

君王；如果实行霸者的治国方法，任用能执行霸道的臣子一起治理国家，就能做全体诸侯的霸主；如果实行的是使国家灭亡的方法，任用执行亡国之道的臣子一起治理国家，国家就会走向灭亡。以上这三种情况，圣明的君主应当慎重选择，也是仁人君子应当明白的道理。

【原文】

故国者，重任也，不以积①持之则不立。故国者，世所以新者也，是惮②；惮，非变③也，改玉改行④也。故一朝之日⑤也，一日之人也，然而厌焉⑥有千岁之国，何也？曰：援夫千岁之信法以持之也，安与夫千岁之信士⑦为之也。人无百岁之寿，而有千岁之信士，何也？曰：以夫千岁之法自持者，是乃千岁之信士矣。故与积礼义之君子为之，则王；与端诚信全之士为之，则霸；与权谋倾覆之人为之，则亡。三者，明主之所以谨择也，而仁人之所务白也。善择之者，制人；不善择之者，人制之。

【注释】

①积：也就是指长期执政过程积累起来的处理政事的办法。与下文“千岁之信法”同义。

②惮：通“禅”，禅让、更变，指的是古代君王继承性上的改变。

③变：即“管理方法上的改变”，也就是根本性的变化。

④改玉改行：古代诸侯以佩玉和行走上的规定来表现等级上的差别，如果诸侯在等级上有了变化，就会以新的佩玉和行走规范进行明确。

⑤一朝之日：形容时间之短暂，就像一个早上那样短暂。

⑥厌焉：即“厌然”，形容安详、安然的样子。

⑦信士：指信守、遵行法度的内心诚实的人。

【译文】

国家，象征着沉重的责任，不依靠长期管理过程中积累起来的办法进行扶持，国家基础就不会得到巩固。所以，国家虽然是随时代而变，但这不过是君臣人选的禅让；这种禅让，并没有产生实质性的变化，不过是改变了贵族阶层的等级地位，固而改变了对他们佩玉和步行的要求罢了。所以一个朝代的改变，就像一个人在一天中的改变一样，可是为何还会有持续存在千年的国家呢？答案是：他们用积累了上千年的可靠办法扶持国家，就像千年之前的君子仍然在管理这个国家一样。人没有长过百岁的寿命，但有信守千年不变的礼法的人。这是什么缘故呢？原来是那些用传袭了上千年的礼法把握自我的人，也就是所谓的“信守千年不变礼法的人”了。所以，与信奉传统礼义的君子一起主政，就能做天下的君主；与正直忠诚守信的人一起主政，就能实现称霸于诸侯的愿望；与善于玩弄权术、搞阴谋诡计而又反复无常的人一起主政，就会推动国家走向灭亡。这三种情况，圣明的君主都需要慎重地选择，也是仁人君子一定要清楚明白的道理。所以那些善于选择儒士一起主政的人将是能制约别人的人，不善于选择儒士一起主政的人将会受到别人的制约。

【原文】

国无礼则不正。礼之所以正国也，譬之，犹衡之于轻重也，犹绳墨之于曲直也，犹规矩之于方圆也，既错之而人莫之能诬也。诗云：“如霜雪之将将[①]，如日月之光明；为之则存，不为则亡。”此之谓也。

【注释】

①将（qiāng）将：原指严正肃杀的样子，此处用来形容礼制公正无私的性质。

【译文】

国家没有礼义制度就无法得到正确的治理。礼义制度之所以能够起到治理国家的作用，打个比方，就像是秤能够衡量事物之间的轻重，木匠的墨线能衡量木材的曲直，圆规能够确定画圆取方的轨迹，既然一国之礼义法度已经确定，人们就没有办法再去欺骗了。《诗经》中说："像霜雪那样没有情义，像日月那样光亮无瑕；实行它就能长期存在，不实行就会失败灭亡。"说的就是这个道理。

【原文】

故治国有道，人主有职。若夫贯日而治详，一日而曲列①之，是所使夫百吏官人②为也，不足以是伤游玩安燕③之乐。若夫论一相以兼率之，使臣下百吏莫不宿道乡方而务，是夫人主之职也。若是，则一天下，名配尧、禹。之主者，守至约而详，事至佚而功，垂衣裳④，不下簟席⑤之上，而海内之人莫不愿得以为帝王。夫是之谓至约，乐莫大焉。

【注释】

①列：通"裂"，分裂然后解决。

②官人：官府内的人员，也就是政府人员。

③燕：通"宴"，形容安闲、安逸的样子。

④垂衣裳：让穿着的衣服自然下垂，形容非常安闲、了无心事的样子。

⑤簟（diàn）席：竹席，先秦时期人们用来跪坐的席子。

【译文】

所以，治国一定要遵循法则的指引，君主一定要承担他的职责。至于那些需要君主连续几天才能处理完的事情，如果非要一天之内就全部办好，就需要指派百官予以办理，而不影响君主游玩休息的乐趣。至于选择一位宰相去统领王庭的群臣，让百官们全都遵守道义而去完成自己的工作，这就是君主的职责。如果这样的话，天下就能得以统一，君主的盛名也就可以与尧、禹的名声相提并论了。这样的君主，需要他坚守的道义虽然极简略却非常周详，需要他做的事虽然极安逸却非常有效果，让衣襟自然地垂在座席上，不用离开座席，但天下人都希望这样的人能够做他们的君主。这是天下最大的简约，也是天下最快乐的事情。

【原文】

无国而不有治法，无国而不有乱法；无国而不有贤士，无国而不有罢士①；无国而不有愿民，无国而不有悍民；无国而不有美俗，无国而不有恶俗；两者并行而国在，上偏②而国安，在下偏而国危；上一而王，下一而亡。故其法治，其佐贤，其民愿，其俗美，而四者齐，夫是之谓上一。如是，则不战而胜，不攻而得，甲兵不劳而天下服。故汤以亳，武王以鄗，皆百里之地也，天下为一，诸侯为臣，通达之属，莫不从服，无它故焉，四者齐也。桀、纣即序于有天下之势，索为匹夫而不可得也，是无它故焉，四者并亡也。故百王之法不同若是，所归者一也。

【注释】

①罢（pí）士：指没有德行的士人。罢，通“疲”。

②上偏：指标准偏于上的情况，也就是指法治的情况多而乱法的情况少，贤士多而罢士少，服从的人多而凶悍的暴徒少，美好的风俗多而丑陋的风俗少。

【译文】

没有哪一个国家不具备使国家局势安定的制度，也没有哪一个国家不具备致使局势混乱的制度；没有哪一个国家不存在德才兼备的贤能之人，也没有哪一个国家不存在品德恶劣的奸邪之人；没有哪一个国家没有谨守法度的百姓，也没有哪一个国家没有凶悍违法的暴徒；没有哪一个国家不具备淳朴美好的风俗习惯；也没有哪一个国家不具备丑陋的风俗习惯；如果这两种情况同时在一个国家之内存在，那么这个国家还可以继续存在。如果前者更多，那么国家可以变得更加安定；如果后者更多，那么国家就会面临危险；如果国家状况属于前者，这个国家将足以称王于天下；如果国家状况属于后者，这个国家必然会走向灭亡。所以，如果一个国家的制度能带来稳定，辅佐天子的是德才兼备的贤人，百姓能奉公守法，坚持的是淳朴美好的风俗，这就是四种情况都齐备了，这样的情况就叫做“属于前者”。如果存在这样的国家，那么不需要发动战争就能战胜敌人了，不用攻伐就能获得疆域，军队不必出动就能让天下臣服了。所以，商汤建都于亳，周武王建都于镐，开始的时候都只是方圆百里的小诸侯国，后来都成功统一了天下，让其他诸侯俯首称臣，所经过的地方没有不表示归服的，这其中没有什么别的缘故，就是因为他们齐备了以上四种情况。夏桀、商纣即便坐拥天下，最后却连做老百姓的要求都变得不可能了，这其中没有什么别的缘故，就是因为他们丧失了以上的四种情况。所以，尽管以前的各位君主制定出了不同的制度，但根本的道理都是一样的。

【原文】

用国者，得百姓之力者富，得百姓之死者强，得百姓之誉者荣。三得者具而天下归之，三得者亡而天下去之。天下归之之谓王，天下去之之谓亡。汤、武者，循其道，行其义，兴天下同利，除天下同害，天下归之。故厚德音以先之，明礼义以道之，致忠信以爱之，赏贤使能以次之，爵服赏庆以申重之，时其事、轻其任以调齐之，潢然兼覆之，养长之，如保赤子。生民则致宽，使民则綦理。辩政令制度，所以接天下之人百姓；有非理者如豪末，则虽孤独鳏寡必不加焉。是故百姓贵之如帝，亲之如父母，为之出死断亡而不愉[①]者，无它故焉，道德诚明，利泽诚厚也。

【注释】

①不愉：指不愿苟且偷生的人。愉，通“偷”，即“苟且安生”的意思。

【译文】

治理天下的君主，能获得尽心竭力劳作的百姓就会变得非常富有，能获得甘愿为之效死的百姓就会变得强盛，能获得愿意为之歌功颂德的百姓就会集各种荣耀于一身。具备以上三个条件的君主当政，就能获得天下人的顺服；失去了以上的三个条件，就会遭到天下人的背弃。天下人都归顺他，就能成为王者；天下人都背弃他，结果就只能灭亡。商汤、周武王都是依据这一原则的指导，用这种道理做了有利于天下人的事情，铲除了祸害天下人的人，让天下人都乐于接受他的统治。所以，君主用提高自己的道德和声望的办法引导天下人跟随，用彰明礼义法度的办法让天下人受到教化，用竭尽忠诚和信用的办法来让天下人受到爱护，对贤德之人倍加赏识，对有才能的人加以重用，从个人不同的能力出发，安排不同的职位给他们，用加官晋爵的激励办法以显示对他们的重用，遵照天时安排他们的劳动，减轻他们的负担并调剂他们之间的关系，然后量力而任用他们，从而使他们协调一致，对他们的抚养就像对待婴儿一样。用宽厚的品德养育百姓，让他们的力量得到合理的发挥，制定出适当的法令制度来合理地对待他们，如果存在不合理的地方，即便是存在于一些细枝末节的地方，也绝不将这些法规加在孤儿、老人、鳏夫和寡妇的身上。所以，百姓们能够像尊敬上天一样尊重他，像敬爱自己的父母一样敬爱他，用甘愿牺牲自己生命的态度对待他，这其中没有其他的，只是因为君主确实拥有鲜明的道德，能够施与深厚的恩惠给予百姓。

【原文】

乱世不然。污漫突盗以先之，权谋倾覆以示之，俳优[①]、侏儒[②]、妇女之请谒以悖之，使愚诏知，使不肖临贤，生民则致贫隘[③]，使民则綦劳苦。是故百姓贱之如尪[④]，恶之如鬼，日欲司[⑤]间而相与投藉之，去逐之。卒[⑥]有寇难之事，又望百姓之为己死，不可得也。说无以取之焉。孔子曰："审[⑦]吾所以适[⑧]人，人之所以来我也。"此之谓也。

【注释】

①俳（pái）优：表演滑稽戏的演员。

②侏儒：因发育不良而导致身材矮小的人。在古代，侏儒常因身材矮小而成为权贵戏弄和取笑的对象。

③贫隘（è）：指穷困、窘迫的状态。隘，通“阨”，此处与“贫”同义。

④尪：同“尫”，指骨骼变形弯曲的残疾人。

⑤司：通“伺”，侦察、探知消息。

⑥卒（cù）：通“猝”，突然、出人意料。

⑦审：弄清楚、知道真相。

⑧适：到……去。

【译文】

混乱的社会不是这样的。在乱世中，君主用污秽散漫、强取豪夺的行为引导人民从恶，用公开玩弄权术、搞阴谋、相互倾轧的伎俩示范于人，任由戏子、矮子以及妇女私下求见说情使朝政陷入混乱，让愚蠢短视的人去教诲智慧有远见的人，让违逆不肖的人去管理贤德通达的士人君子，养育人民却使他们生活在极端困苦之中，无节制地使用民力使他们的生活极其劳苦。因此，百姓都将这样的君主视作卑鄙的女巫，对他们的憎恶就像憎恶魔鬼那样，整天都在寻找机会，要抛弃他、践踏他、背离他，甚至驱逐他离开君主的位置。如果突然发生外敌入侵的事情，君主却还希望百姓能继续为他卖命，这是绝对不可能做到的。因为这种君主的治国方法毫无可取之处。所以孔子说："看到我是怎样对待别人的，就能想到别人会以怎样的态度对待我。"说的就是这个道理。

十一、致士

【原文】

衡①听、显幽②、重明③、退奸④、进良⑤之术：朋党比周之誉，君子不听；残贼⑥加累之谮⑦，君子不用；隐忌雍蔽之人，君子不近；货财禽犊⑧之请，君子不许。凡流⑨言、流说、流事、流谋、流誉、流愬不官而衡⑩至者，君子慎之，闻听而明誉之，定其当而当，然后士其刑赏而还与之。如是，则奸言、奸说、奸事、奸谋、奸誉、奸愬莫之试也，忠言、忠说、忠事、忠谋、忠誉、忠愬莫不明通方起以尚尽矣。夫是之谓衡听、显幽、重明、退奸、进良之术。

【注释】

①衡：通"横"，到处、处处。

②幽：此处指隐居世外的贤能之人。

③明：显著的样子，这里指地位已经得到显扬的贤士。

④奸：也就是下文中的“奸言、奸说、奸事、奸谋、奸誉、奸愬（shuò）”等。

⑤良：与“奸”相对，指下文中的“忠言、忠说、忠事、忠谋、忠誉、忠愬”等。

⑥贼：指专门陷害别人的人。

⑦谮（zèn）：陷害、诬陷。

⑧禽犊：家禽和小牛犊，泛指各种用来送人的礼物。

⑨流：指各种没有根据的东西，道听途说的事物。

⑩衡：这里是“小道消息”的意思，与“官”意思相对，表示的是不正当的途径。

【译文】

广泛地听取别人的意见、显扬隐遁的贤者、使显扬的贤者更加显扬、斥退奸邪之人、延请忠良之人的方法：对政治群体间互相勾结、热情吹捧的人，君子不听从；对于迫害贤良、滥施罪名的人，君子不采纳；对于让贤德之人受到猜忌和埋没的人，君子不向他靠近；对于用钱财礼物进行贿赂的请求，君子不予答应。对于那些无根据的说法、观点、事件、阴谋、称誉、诉求等一切非正当途径传来的东西，君子都需要采取慎重的态度，听到了就明明白白地公布出来，以此确定它们恰当还是不恰当，然后决定要惩罚还是奖赏并立即付诸行动。如果能做到这样，那么奸邪的说法、观点、事件、阴谋、称誉、诉求等就没有敢来试探的了，而让忠贞的说法、观点、事件、阴谋、称誉、诉求等都能获得公开表达的机会，并得到士人君子的传达进而献给君主。以上这些，就是广泛地听取别人的意见、显扬隐遁的贤者、让显扬的贤者更加显扬、斥退奸邪之人、延请忠良之人的方法。

【原文】

川渊深而鱼鳖归之，山林茂而禽兽归之，刑政平而百姓归之，礼义备而君子归之。故礼及身而行修，义及国而政明；能以礼挟而贵名白，天下愿，令行禁止，王者之事毕矣。《诗》曰："惠此中国，以绥[①]四方。"此之谓也。川渊者，龙鱼之居也；山林者，鸟兽之居也；国家者，士民之居也。川渊枯则鱼龙去之，山林险则鸟兽去之，国家失政则士民去之。

【注释】

①绥（suí）：抚慰，安抚。

【译文】

如果河川湖海深了，就会吸引鱼鳖等动物到那里繁衍；山高林密了，就会吸引禽兽归聚到那里生活；刑罚政令能做到公正了，就会吸引老百姓到那里居住；有了完备的礼义制度，就能让道德高尚的君子齐聚到那里。所以，用礼制规范修行自身，就能让自己的品行变得美好，道义的力量被贯彻到国家生活中，就能得到清明的政治，能够把礼义制度用到生活的方方面面，就能让名声变得高贵而显著，这样就能得到天下人的仰慕，颁布的法令也就能够贯彻执行，颁布的禁令也能发挥作用，做到了这些，君王称王于天下的事业也就完成了。《诗经》中说："将恩惠施于中央之国，它的光芒就会安抚四方。"说的就是这个道理。河川湖海，是龙、鱼等动物生活的地方；险峻的高山和茂密的丛林，是鸟、兽栖息繁衍的地方；四方疆土之内，是贤能的士人、忠诚的人民居住的地方。河川湖海干涸了，那么生活于其中的生物就会选择离开；高山丛林的环境不再适宜生活了，那么鸟、兽就会选择离开；如果国家陷入混乱的状态，那么生活在这里的士、民就会选择离开。

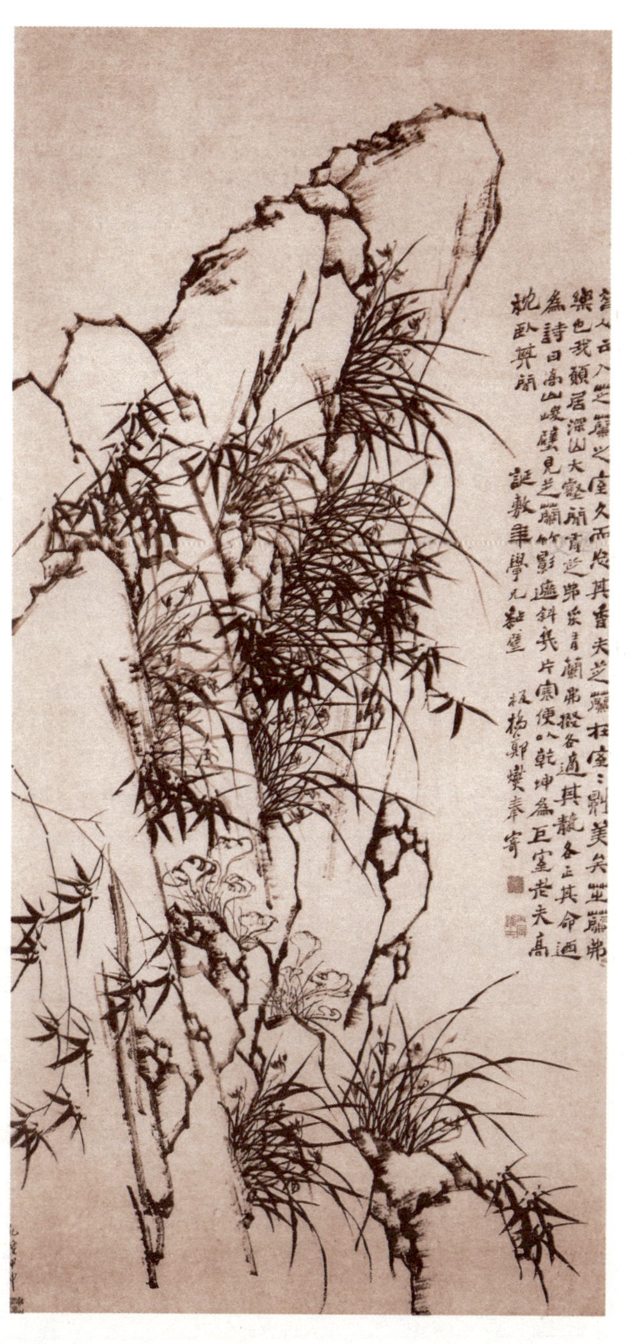
昔人云入芝蘭之室久而忘其香夫芝蘭在室室則美矣芝蘭弗
樂也我願居深山大壑蘭背芝弗采青蘭弗掇各適其天各正其命迺
為詩曰高山峻壁見芝蘭竹影遮斜幾片寬便以乾坤為巨室老夫高
枕臥其間
誕敷年學兄教壁
板橋鄭燮奉寄

川渊枯则鱼龙去之，山林险则鸟兽去之，国家失政则士民去之。

【原文】

无土则人不安居，无人则土不守，无道法则人不至，无君子则道不举。故土之与人也、道之与法也者，国家之本作[①]也；君子也者，道法之总要也，不可少顷旷也。得之则治，失之则乱；得之则安，失之则危；得之则存，失之则亡。故有良法而乱者，有之矣；有君子而乱者，自古及今，未尝闻也，传曰："治生乎君子，乱生乎小人。"此之谓也。

得众动天，美意延年。诚信如神，夸诞逐魂[②]。

【注释】

①本作：本源，根本。

②夸诞逐魂：说夸张荒诞的言辞的人没有了精神，也就是弄虚作假的人会现出惴惴不安的样子。逐，驱赶。魂，指人的精神、灵魂等。

【译文】

没有广阔的土地人民就无法安定地生活，没有居住于此的人民土地就无法守卫，没有正确的制度和法律就不会吸引人民前来归附，没有君子的参与，那么即便有正确的法则也无法贯彻实施。所以，土地与人民、原则、法制这些东西的关系，就构成了国家运作的根本；所谓"君子"，也就成为管理这些正确的原则与法制的人，不能有一时一刻的空缺。得到了君子的归顺并予以重用，国家就能得到良好的治理；丧失了君子的参与，国家就会陷入混乱；得到了他，国家就会变得安定；失去了他，国家就会面临危险；得到了他，国家就有了保存下去的保证；失去了他，国家就会因保证的丧失而走向灭亡。所以，拥有良好的法制但还是陷入混乱的国家，是产生过的；拥有君子的参与仍然陷入混乱局面的国家，从古到今，还没有听说过。古书上说："国家中出现安定的局面是因为存在着君子，国家中出现混乱的局势是因为出现了小人。"说的就是这种情况。

所以，得到了民众的拥护就能让上天感动，拥有快乐的心境就能让人延年益寿。坚持真诚老实的态度就能像神明一样精明，坚持浮夸欺诈的做法就会让人落魄丧魂。

【原文】

人主之患，不在乎不言用贤，而在乎不诚必用贤。夫言用贤者，口也；却贤者，行也；口行相反，而欲贤者之至、不肖者之退也，不亦难乎？夫耀蝉者①，务在明其火、振其树而已；火不明，虽振其树，无益也。今人主有能明其德，则天下归之若蝉之归明火也。

【注释】

①耀蝉者：指夜间利用灯光捕蝉的人。耀蝉，是一种捕蝉的方法，也就是利用蝉趋光的特性，用灯光吸引蝉自动聚集在一起，方便捕捉。

【译文】

君主身上存在的毛病，并不是不谈论如何任用贤人，而是谈论之后却不能坚决地任用贤人。对任用贤人的谈论，只停留在口头上；清退贤人，却落实在行动上；言语和行动不一致，却希望贤能的人能够主动前来、不贤能的人能够自动离去，这不是一件很难办到的事情吗？就像用火照蝉的人，他所要做的只是点亮灯火、摇动树身而已；如果点起的灯火不够明亮，那么即便摇动树身的动作再大，也毫无益处。如果现在出现了能让自己的德行足够贤明的君主，那全天下贤能的人就会像蝉飞向明亮的灯火那样投奔他了。

【原文】

临事接民，而以义变应，宽裕而多容，恭敬以先之，政之始[①]也；然后中和察断以辅之，政之隆也；然后进退诛赏[②]之，政之终也。故一年与之始，三年与之终。用其终为始，则政令不行而上下怨疾，乱所以自作也。《书》曰：“义刑义杀，勿庸以即，女惟曰：‘未有顺事。’”言先教也。

【注释】

①政之始：也就是所谓的“德政”，即用教化人民的方式来进行统治，与“政之终”相对，后者指用暴虐、可能激起民变的方式进行统治。

②进退诛赏：指为政的四种正确方法，分别是录用贤良的人、赶走奸谗的人、惩处犯错的人、奖赏立功的人。

【译文】

在处理政事、接触人民的时候，如果君主能够从道义的原则出发灵活地应对，能够宽大而广泛地接纳民众的参与，并态度恭敬地引导他们，这是德政的第一个阶段；然后以中正、和谐的观察、决断去辅助君主，这是德政的第二个阶段；然后再接纳、斥退、惩罚、奖赏他们，这是德政的最后一个阶段。所以以一年的时间实施第一个阶段，直到第三年的时候才实施最后一个阶段。如果直接把最后一个阶段提前到作为第一步开始的话，政策法令就无法得到贯彻和执行，也会在官民之间激起怨恨，这也是动乱发生的原因。《尚书》上说：“即便是再合理的刑罚和杀戮，也不要立即付诸实施，你也只能借口说：‘我还没有把政事理顺。’”其意思也就是说，应该先对人民施以教化。

【原文】

程者，物之准也；礼者，节之准[①]也。程以立数，礼以定伦；德以叙位，能以授官。凡节奏欲陵[②]，而生民欲宽。节奏陵而文，生民宽而安。上文下安，功名之极也，不可以加矣。

君者，国之隆也；父者，家之隆也。隆一而治，二而乱。自古及今，未有二隆争重而能长久者。

【注释】

①节之准："节奏"的标准，也就是指在礼节、礼仪方面的具体规定。

②陵：形容严格、峻峭的样子。

【译文】

所谓度量衡，其实就是测量物品的标准；所谓礼制，其实就是为礼节礼仪等法度确定的标准。用度量衡作为标准可以将物品分成不同的数量，用礼制做标准可以确定人与人之间的上下关系；用品德作为标准可以将人按照不用的级别地位依次排列，用能力做标准可以更好地确定官职的高低。在礼制的制定上一定要标准严格，而在抚养人民的时候一定要标准宽容。凡是礼制严格的，国家就会更加文明；凡是在抚养人民的时候标准宽容的，国家就会出现安定的局面。做国君的崇尚文雅，做臣民的就会安定团结，这是成就功名的最高境界，已经没有办法再有所增加了。

所谓君主，就是一个国家中地位最为高贵的人；所谓父亲，就是一个家庭中地位最为高贵的人。无论是在国家中还是在家庭中，只有一个人身居最高贵的位置，就能实现安定；如果有两个人同时身居最高贵的位置，就会产生混乱的局面。从古到今，还没有一个组织中存在着两个最高贵的人，并且相互之间争权不断却还能保持长久的。

【原文】

师术有四，而博习不与[①]焉。尊严而惮，可以为师；耆艾[②]而信，可以为师；诵说而不陵[③]不犯，可以为师；知微而论，可以为师。故师术有四，而博习不与焉。水深而回，树落则粪本，弟子通利则思师。《诗》曰："无言不雠，无德不报。"此之谓也。

赏不欲僭[④]，刑不欲滥。赏僭则利及小人，刑滥则害及君子。若不幸而过，宁僭勿滥；与其害善，不若利淫。

【注释】

①博习不与：博学多识并不参与其中，也就是说"其中并不包括博学多识这一条"。与，参与、包括。

②耆（qí）艾：指人五六十岁的样子。耆，六十岁。艾，五十岁。

③不陵：遵守，不超过。陵，逾越、超越。

④僭（jiàn）：指超过应有的本分。

【译文】

做老师有四种方法，但博学并不是其中的一种。态度严肃而让人害怕的人，可以做别人的老师；年岁老而有威信的人，可以做别人的老师；对经典不时诵读解说并在行动上严格遵守的人，可以做别人的老师；明白极其精微的道理并能阐述出来的人，可以做别人的老师。所以，做老师有四种方法，但博学并不是其中的一种。就像水深了就会出现旋涡，树叶飘落到树根就会化作肥料增加树根的肥力，做学生的地位显达、获得利益了，自然也会想到自己的老师。所以《诗经》中说："没有什么话得不到应答，没有付出恩情的人得不到报答。"说的就是这个道理。

奖赏的时候不要超过界限，施刑的时候不要胡乱地使用。如果过分地奖赏，其中的好处就可能会惠及道德不良的小人；如果过分地使用刑罚，其中的危害就可能危及道德高尚的君子。如果不幸让失误产生，那就宁愿是在过分奖赏时产生，而不是在过分使用刑罚的情况下产生；与其让品德高尚的人受到伤害，还不如让邪恶的人获得好处。

十二、天论

【原文】

列星[①]随旋，日月递炤，四时代御[②]，阴阳大化[③]，风雨博施，万物各得其和[④]以生，各得其养以成。不见其事而见其功，夫是之谓神。皆知其所以成，莫知其无形，夫是之谓天。唯圣人为不求知天[⑤]。

【注释】

①列星：指排列在天上固定位置的星宿，也就是指恒星。

②代御：轮流控制，交替驾驭。御，驾驭、控制，指对二十四节气的整体把握、控制。

③阴阳大化：在古代思想家的意识中，世间万物是阴阳相互作用的结果，世间万物都是由阴阳二气组成的，也就是所谓的“大化”。化，变化、生成、衍生。

④和：即阴阳二气达到平衡后的相对稳定的物质，可进一步变化为具形的事物。

⑤不求知天：不追求去了解大自然形成的原因和过程。

【译文】

天上的群星彼此相随旋转，太阳和月亮交替着照耀大地，四季轮替节制着节气的变化，阴阳二气交互作用从而化生万物，风雨普洒滋润着万物，让世间万物在阴阳二气的相互作用中产生，受风雨的滋养而不断成长，人们看不到阴阳二气化生万物的过程，而只能看到它们化生出来的万物，这就是神妙的大自然啊。人们都知道是阴阳二气相互作用生成万物，却没有人清楚万物毫无形迹的生成过程，这就是人们把它称作天的原因。天道无法知晓，所以只有圣人懂得应尽人事而不是去费力了解天道的真相。

【原文】

天职既立，天功既成，形具而神生，好恶、喜怒、哀乐臧焉，夫是之谓天情。耳、目、鼻、口、形能，各有接[①]而不相能也，夫是之谓天官。心居中虚以治五官[②]，夫是之谓天君。财非其类，以养其类，夫是之谓天养。顺其类者谓之福，逆其类者谓之祸，夫是之谓天政。暗其天君[③]，乱其天官[④]，弃其天养[⑤]，逆其天政[⑥]，背其天情[⑦]，以丧天功，夫是之谓大凶。圣人清其天君，正其天官，备其天养，顺其天政，养其天情，以全其天功。如是，则知其所为、知其所不为矣，则天地官而万物役矣，其行曲治，其养曲适，其生不伤，夫是之谓知天。

【注释】

①能各有接：指身体的各个器官能够感受各自的具体感觉，如耳知声、目知色、鼻知臭、口知味、形体知冷热痛痒等。接，感受、感知。

②五官：也就是人体上的五种器官。因为古人认为心脏有自己的思维活动，能够节制五官的行为，所以才有“治五官”的说法。

③暗其天君：指让自己的思维变得混乱，混淆思维。

④乱其天官：指让各个器官沉溺于各自感官的过度的状态。

⑤弃其天养：指生产活动陷于停滞。

⑥逆其天政：违逆天赋的政务，也就是说不能让臣民顺服自己。

⑦背其天情：与天赋的性情相违背，形容喜怒无常的样子。

【译文】

天道的职能已经确立起来，天道的功效也已经形成，在形体具备之后，人的精神也就随之产生了。爱好与厌恶、高兴与愤怒、哀伤与欢乐等情感都蕴藏其中，这就是人自然的情感。耳朵、眼睛、鼻子、嘴巴、身体有各自不同的功能，却因感受对象的不同而无法互相替代，这些都是人天生的感觉器官。心居于身体的中部并负责管理这五种器官，因而是天生的主宰者。外界的资财不是人的同类，却可以用来供养人的身体，这就是所谓天然的供养。能借助自然之物供养人类自身的就叫做福，不能借助自然之物供养人类自身的就叫做祸，这就是上天的赏罚。让心智变得混乱不堪，让人的感官系统沉醉于迷乱之中，让天地万物不再供养人类的身体，让天生的情感丧失节制，让天生的功效彻底丧失，这样就造成了人类的大灾难。而只有圣人是最清醒的，能清楚地知道自己的内心，端正感官的感受，让天然的供养重新完备，让自己顺应上天的赏罚安排，调节自己的自然情感，从而保全天生的功效。这样，人类就知道了什么是应该做和不应该做的事情，天地就能重新发挥应有的作用，万物也能重新被人类役使了。人类的行为变得富有条理，天然的供养能顺应人类的需求，让万物按照各自的规律生长，不被伤害，这就叫做“知天”。

【原文】

故大巧在所不为①，大智在所不虑②。所志③于天者，已其见象之可以期④者矣；所志于地者，已其见宜⑤之可以息者⑥矣；所志于四时者，已其见数⑦之可以事⑧者矣；所志于阴阳者，已其见知之可以治者矣。官人守天，而自为守道也。

【注释】

①所不为：即“有所不为”，指所不做的、违反常规的事情。

故君子之所以日进与小人之所以日退，一也。

②所不虑：不加以考虑的事情，从上下文来说，也就是探究自然规律的事情。

③志：知道，了解。

④期：从天象推算出确定的日期，名词用作动词。

⑤宜：指农作物生长所需要的各种条件。

⑥息者：繁殖的事物，也就是各种农作物。

⑦数：也就是天数、规律，在本文中指具有规律性的节气。

⑧事：安排农事，名词用作动词。

【译文】

所以，天地间最有才能的人在于他有所不为，知道哪些事不能做和不应该做，最聪明的人在于他有所不想，知道哪些事不能考虑和不应该考虑。对于上天的了解，是从那些可供参考的天象资料中得来的；对于大地的了解，是从那些对能够种植庄稼的地方调查得来的；对于四时的了解，是从可以安排农业生产的自然规律中得来的；对于阴阳的了解，是从治理事物的和谐因素中得来的。负责管理天文历法的官员只需要观察天象，而圣人则需要遵从以上的道理，从而找到治理国家的法则。

【原文】

楚王后车千乘，非知也；君子啜菽饮水，非愚也，是节然①也。若夫志意修，德行厚，智虑明，生于今而志乎古，则是其在我者也。故君子敬其在己者，而不慕其在天者；小人错其在己者，而慕其在天者。君子敬其在己者而不慕其在天者，是以日进也；小人错其在己者而慕其在天者，是以日退也。故君子之所以日进与小人之所以日退，一②也。君子小人之所以相县③者，在此耳。

【注释】

①节然：指顺应时势、安于命运的状态。

②一：指君子和小人在对待进、退的态度上，是相同的。

③县：通“悬”，差距、距离非常巨大，悬殊的样子。

【译文】

楚王外出的车驾，随从的车子就有上千辆，并不是因为他聪明；君子用粗茶淡饭维持生活，并不是因为他愚蠢，而是受到了命运的安排和节制。如果一个人能保持端正的意志、美好的德行、精明的谋虑，能生活在今天而向往古代圣贤的治理之道，那就要通过自己的努力了。所以，君子以慎重的态度尊重自己的努力，而不去羡慕那些自己力所不能及的东西；小人却放弃了自己的努力，而去羡慕那些自己无法决定的东西。君子能够谨慎对待自己的努力，而不去羡慕那些自己力所不能及的东西，所以每天都有所进步；小人放弃自己的努力，而去羡慕那些自己力所不能及的东西，所以每天都在退步。所以，君子每天都在进步与小人每天都在退步的原因，道理是一样的。而君子和小人之间存在着如此巨大的差距，原因就在这里。

【原文】

雩[①]而雨，何也？曰：无何也，犹不雩而雨也。日月食而救之，天旱而雩，卜筮[②]然后决大事，非以为得求也，以文之也。故君子以为文，而百姓以为神。以为文则吉，以为神则凶也。

【注释】

①雩（yú）：指古代祭祀求雨的仪式。

②卜筮（shì）：也就是古代用龟甲、筮草占卜的活动。卜，指用龟甲兽骨占卜吉凶的活动。筮，指用筮草占卜吉凶的活动。

【译文】

祭神求雨后真的下了雨，这是为什么呢？答案是：这没有什么原因，就像不祭神求雨而下雨一样。日食月食发生的时候人们就去求救，气候干旱的时候人们就去祭神求雨，通过卜筮来决断国家大事，这些都不是因为能祈求到什么，而只是把它们当作一种向百姓表示关切之心的文饰罢了。所以，君子只把这些活动看作一种文饰，但老百姓把它们看得很神秘，认为真的是神灵之事。只当作文饰是无害的，如果真的把它看成是神灵之事，结果就会变得凶险了。

【原文】

在天者莫明于日月，在地者莫明于水火，在物者莫明于珠玉，在人者莫明于礼义。故日月不高，则光晖不赫；水火不积，则晖润不博；珠玉不睹[①]乎外，则王公不以为宝；礼义不加于国家，则功名不白。故人之命在天，国之命在礼。君人者，隆礼尊贤而王，重法爱民而霸，好利多诈而危，权谋、倾覆、幽险而尽亡矣。

【注释】

①睹：应为“睹（shǔ）”，通“曙”，指天亮。

【译文】

在天上的事物中，没有比日月更加明亮的了；在地上的事物中，没有比水火更加明亮的了；在天地间的万物中，没有比珍珠、宝玉更加明亮的了；在人类社会中，没有比礼义更加灿烂的了。所以，如果日月不是高挂在空中，那么它们就不会有那么显著的光辉；如果水火不是积聚在一起，那么它们的光辉和光泽就不会太大；如果珍珠、宝玉的光彩没有显露在外面，那么就不会被天子、诸侯当作宝贝；如果礼义规范不是在国内施行，那么君主的功业和名声就不会显著。所以，人的命运体现在对待天的态度上，国家的命运体现在对待礼义的态度上。君主推崇礼义规范、尊重贤能的人，就能在天下称王，能够在注重法制的同时爱护人民，就能在诸侯中称霸，如果贪图财利、生性奸诈，国家就会陷入危难，如果玩弄权术、颠覆政权和人伦、生性阴险而狡诈，国家就会彻底灭亡。

【原文】

大天而思之，孰与物畜而制之？从天而颂之，孰与制天命而用之？望时而待之，孰与应时而使之？因物而多之，孰与骋能而化之？思物而物[①]之，孰与理物而勿失之也？愿于物之所以生，孰与有物之所以成？故错人而思天，则失万物之情[②]。

【注释】

①物：意动用法，把……当成外物。

②万物之情：指世间万物背后的事情，也就是必须有所付出之后才能有所获得，所以放弃自身的努力而渴望有所获得的想法，是对“万物之情”的违反和违背。

【译文】

以天为尊并思慕它，哪里比得上把它当作物资来控制它呢？顺从它的安排并热情地颂扬它，哪里比得上掌握它的运行规律并利用它呢？盼望着天时的降临并等待它，哪里比得上顺应四时的变化并学会役使它呢？任凭万物自然地增殖，哪里比得上发挥人的才能并让它们满足人的需要呢？思慕万物的庞杂并希望它们为我所用，哪里比得上治理它们并充分利用呢？思考世间万物产生的原因，哪里比得上拥有那些已经生成的事物呢？所以，不寄希望于自己的努力而寄希望于上天的恩赐，就会失掉世间万物的实际情况。

【原文】

万物为道[①]一偏，一物为万物一偏，愚者为一物一偏，而自以为知道，无知也。慎子有见于后，无见于先；老子有见于诎，无见于信[②]；墨子有见于齐，无见于畸[③]；宋子有见于少，无见于多。有后而无先，则群众无门；有诎而无信，则贵贱不分；有齐而无畸，则政令不施；有少而无多，则群众不化。《书》曰："无有作好，遵王之道；无有作恶，遵王之路。"此之谓也。

【注释】

①道：古人认为道是万物产生的最大根源，是天地万物普遍适应的最大法则。

②信：通"伸"，伸展，即以积极进取的态度舒展自己的抱负。

③畸（jī）：不整齐的样子，这里指的是人们之间的等级差别。

【译文】

世间的事物只是天道的一部分，每一种事物又是世间万物的一部分，愚昧的人有了对某种事物的某个方面的认识，就自以为熟识了天道的整个面目，这实在是太无知了。慎子只对跟从法制的作用有所认识，却不了解预先倡导的重要；老子只是对忍让、无为的一面有所认识，却不知道积极有为的重要性；墨子只对平等相爱有所认识，却缺乏对等级差别的认识；宋钘了解到了寡欲在人性中的存在，却不知道人天生就是贪婪而好私利的。如果以慎子的思想作为指导，那么做君主的就不愿再去教导老百姓，老百姓也就没有继续前进的道路了；如果以老子的思想作为指导，那么老百姓只会消极等待，人们之间的贵贱差异也就会慢慢消失；如果以墨子的思想作为指导，君主的政令也就无法推行；如果以宋子的思想作为指导，百姓也就不会再受到教化。《尚书》上说："不以个人的偏好为选择，而是要遵从圣王之道；不以个人的好恶为选择，而是要遵从圣王之道。"说的就是这个道理。

十三、礼论

【原文】

礼有三本[1]：天地者，生之本也；先祖者，类之本也；君师者，治之本也。无天地恶生？无先祖恶出？无君师恶治？三者偏亡焉，无安人[2]。故礼，上事天，下事地，尊先祖而隆君师。是礼之三本也。

【注释】

①本：本源，根源。

②无安人：没有人处于安宁的状态。

【译文】

礼存在着三个本源：天地是生命承袭的本源；先祖是宗族繁衍的本源；君主是国家治理的本源。如果没有天地的供养，生命从哪里来呢？如果没有先祖的繁衍，我们从哪里来呢？如果没有君主的统治，天下怎么能得到太平呢？这三个方面中缺少了任何一个方面，天下都会变得无法安宁。所以礼，上是用来祭祀天的，下是用来祭祀地的，也是用来表示对先祖的尊崇和对君主的推崇的。这就是礼的三个重要本源。

【原文】

故王者天太祖[1]，诸侯不敢坏[2]，大夫士有常宗[3]，所以别贵始。贵始，得之本也。郊[4]止乎天子，而社止于诸侯，道及士大夫，所以别尊者事尊，卑者事卑，宜大者巨，宜小者小也。故有天下者事七世[5]，有一国者事五世，有五乘之地[6]者事三世，有三乘之地者事二世，持[7]手而食者不得立宗庙，所以别积[8]厚者流泽广，积薄者流泽狭也。

【注释】

①天太祖：即“把太祖当成天祭祀”。天，意动用法，把……当成天。太祖，创建国家的君主。

②坏：应为“怀”，思念、怀念。

③常宗：符合宗法制度的始祖。

④郊：指古代天子于每年冬天在京都南郊举行的祭祀活动。

⑤事七世：祭祀七世先祖的牌位。

⑥五乘（shèng）之地：根据古代兵法的规定，六里见方的地域内要出一辆兵车、四匹拉车的马、二十个盾手、二十八个甲士、三十个农夫，组成一个战斗单元，称为“一乘”，所以“五乘之地”指的是三十里见方的地域。

⑦持：通“恃”，倚凭、依靠。

⑧积：通“绩”，功绩、功业、功德。

【译文】

所以，做天下之君的人把开创国家基业的人与天一起祭祀，连诸侯也不敢损毁祭祀始祖的宗庙，士大夫也坚守着百年不变的宗法，就是要表示对各自宗族始祖的尊重。表示对始祖的尊重，也就成为道德最初的本源。在郊外举行祭天仪式是君主的专权，诸侯以上的人只有祭祀社稷的权力，而祭祀各路神灵是士和士大夫以上的人才有的权力，这是为了让尊贵卑贱有所区别。尊贵的神灵只能由地位尊贵的人进行祭祀，地位次要的神灵只能由身份卑贱的人进行祭祀，理应大的就大，理应小的就小。所以，统治天下的君主可以为七代祖先建立宗庙，诸侯可以为五代祖先建立宗庙，大夫可以为三代祖先建立宗庙，士人可以为两代祖先建立宗庙，靠双手劳动维生的普通百姓不能为祖先建立宗庙，这就是为了让功绩大的人留给后人的恩德尽可能大，功绩小的人留给后人的恩德尽可能小。

【原文】

凡礼，始乎棁[①]，成乎文[②]，终乎悦校[③]。故至备，情文俱尽；其次，情文代胜[④]；其下，复情以归大一也。天地以合，日月以明，四时以序，星辰以行，江河以流，万物以昌，好恶以节，喜怒以当，以为下则顺，以为上则明，万物变而不乱，贰之则丧也。礼岂不至矣哉！立隆以为极，而天下莫之能损益也。本末相顺，终始相应，至文以有别，至察以有说。天下从之者治，不从者乱；从之者安，不从者危；从之者存，不从者亡。小人不能测也。

【注释】

①棁（tuō）：通“脱”，简略、疏略的样子。

②文：礼节，仪式。

③校：通“恔”，形容内心满意、安适的样子。

④情文代胜：“情”与“文”相互代替，即是指两者不平衡的状态，或是情胜于文，或是文胜于情。情，指人在仪式中所要表达的思想情感。

【译文】

一切的礼仪形式，在开始的时候都非常简略，在发展过程中才逐渐完备，最后达到让人称心如意的境界。所以，在形成最完备的礼仪形式之后，感情就能得到淋漓尽致的发挥，礼仪也能表现得非常完美；次一等的，有的是感情表达胜过了仪式的完备程度，有的是仪式的完备程度胜过了感情表达；再次一等的，是只将质朴的感情作为重要内容，仪式就像回到了太古时代。天地由于礼仪的存在而更加和谐，日月由于礼仪的存在而更加明亮，四季由于礼仪的存在而更加有序，星辰由于礼仪的存在而正常运行，江河因为礼仪的存在而川流不息，万物由于礼仪的存在而繁荣昌盛，人的好恶之情由于礼仪的存在而更有节制，喜怒由于礼仪的存在而恰当得宜。用礼的规范来治理臣民，可以让臣民变得顺从；用礼的规范来约束君主，可以让君主变得贤明。礼仪让世间万物千变万化并且有条不紊，如果违背礼的规范就会丧失一切。礼，难道不是最高的运行准则吗？以完备的礼制作为最高准则，那么天下就没有能够损益它的事物。礼的根本原则与具体规则互不抵触，情感表达和仪式进程互相呼应，最完备的礼制会明确贵贱等级的差别，最细密的礼制会让情感表现得合情合理。顺从礼制，就会使国家得到很好的治理，不顺从礼制，就会导致混乱；顺从礼义规范的人，就能平平安安，不顺从礼义规范的人，就会发生危险；遵循礼制的国家就能实现安定，政体得以保全，不顺从礼制的国家就会陷入危险，走向灭亡。其中的道理，小人是无法深刻领会的。

【原文】

礼者，以财物为用①，以贵贱为文，以多少②为异，以隆杀为要。文理繁，情用省，是礼之隆也；文理省，情用繁，是礼之杀③也。文理、情用相为内外表里，并行而杂④，是礼之中流也。故君子上致其隆，下尽其杀，而中处其中。步骤、驰骋、厉骛不外是矣，是君子之坛宇、宫廷也。人有是，士君子也；外是，民也；于是其中焉，方皇⑤周挟，曲得其次序，是圣人也。故厚者，礼之积也；大者，礼之广也；高者，礼之隆也；明者，礼之尽也。《诗》曰：“礼仪卒度，笑语卒获。”此之谓也。

【注释】

①以财物为用：将财物、礼物作为工具，即是指对赠送的礼

物非常看重。

②多少：指在所享受的物质数量上的多寡。

③杀：减少，精简。

④杂：彼此交错、相互配合的样子。

⑤方皇：形容范围广大的样子。

【译文】

所谓礼，就是将财物作为行礼之用，用车服旗章表现身份贵贱的不同，以祭物的多少来区别地位的高低，并把隆重和简省的程度作为区别的关键。如果仪式繁多且复杂，而情感表达简约，那么，其所表现的是隆重的礼仪。如果仪式简单，但情感表达丰富且欲望繁多，那么，其所表现的是简约的礼仪。如果文饰礼仪与所要表达的内心情感互为表里，互相表现，所表现的就是适中的礼仪。所以，君子在对待大礼时会非常隆重，在对待小礼时会极其简省，在对待中礼的时候会表现适中。君子的行走、疾飞、奔跑等一切行动，都不应超出礼制的规范，这就像君子应当住在屋宇宫廷中一样。居住在其中，就是士人君子，居住在外面，就是普通百姓了；如果遵从于礼的规范而又能自如活动，且符合要求，那么就可以称为圣人了。因此，君子所注重的敦厚品德，是因为有礼义的积累；君子博大的情怀，是因为时刻在遵循礼的规范；君子拥有高尚的品德，是因为对礼推崇的结果；君子能够英明果断，是因为对礼义有了透彻的理解。《诗经》中说："如果礼仪完全合乎法度的要求，个人的言行就是适当的了。"说的就是这个道理。

【原文】

故曰：性者，本始材朴[1]也；伪者，文理隆盛也。无性，则伪之无所加；无伪，则性不能自美。性伪合，然后圣人之名一，天下之功于是就也。故曰：天地合而万物生，阴阳接

性者，本始材朴也；伪者，文理隆盛也。

而变化起，性伪合而天下治。天能生物，不能辨[②]物也；地能载人，不能治人也；宇中万物生人之属，待圣人然后分也。《诗》曰："怀柔百神，及河乔岳。"此之谓也。

【注释】

①朴：指没有经过加工的材料。

②辨（bàn）：通"办"，办理、处理。

【译文】

所以说：人先天的性质，就像处于原始状态下还没有经过加工的木材；后天的行为，就像是盛大而隆重的礼仪范式。没有天然的本性，礼仪范式就没有施展的余地；没有后天的加工，天然的性质就无法自行完美。先天的本性与后天的加工结合起来，才能成就圣人的名声，才可以使统一天下的大业得以完成。所以说：天地之间和谐相配，万物才能生长；阴气与阳气相融合，世界才能生出千万般的变化；人的天性与后天的礼义规范相结合，天下才能得到治理。上天能衍生万物，却无法治理万物；大地孕育了人类，却无法治理人类；存在于世间的万事万物和人类，必须有圣人礼法的安排才能各司其职、各得其位。《诗经》上说："对各路前来的神灵进行安抚，以及高山和大河。"说的就是这个道理。

【原文】

祭者，志意思慕之情也。愅诡[①]、唈僾[②]而不能无时至焉。故人之欢欣和合之时，则夫忠臣孝子亦愅诡而有所至矣。彼其所至者甚大动也，案屈然[③]已，则其于志意之情者惆然不嗛[④]，其于礼节者阙然不具。故先王案为之立文，尊尊亲亲之义至矣。故曰：祭者，志意思慕之情也，忠信爱敬之至矣，礼节文貌之盛矣，苟非圣人，莫之能知也。圣人明知之，士君子安行之，官人以为守，百姓以成俗。其在君子，以为人道也；其在百姓，以为鬼事也。故钟鼓、管磬，琴瑟、竽笙，韶、夏、頀、武、汋、桓、箾、象[⑤]，是君子之所以为愅诡其所喜乐之文也。齐衰、苴杖、居庐、食粥、席薪、枕块，是君子之所以为愅诡其所哀痛之文也。师旅有制，刑法有等，莫不称罪，是君子之所以为愅诡其所敦恶[⑥]之文也。卜筮视日[⑦]、斋戒[⑧]修涂[⑨]、几筵、馈荐[⑩]、告祝[⑪]，如或飨[⑫]之。物取而皆祭之，如或尝之。毋利举爵，主人有尊，如或觞[⑬]之。宾出，主人拜送，反易服，即位而哭，如或去之。哀夫！敬夫！事死如事生，事亡如事存，状乎无形影，然而成文。

【注释】

①愅诡（gé guǐ）：变异，这里指的是死亡这种巨大的变异。

②唈僾（yì ài）：形容因内心压抑而呼吸不畅通的样子。

③屈（jué）然：形容空空如也的样子，也就是没有祭祀死者的礼仪。

④惆然不嗛（qiè）：形容因过分伤感而无法自已的样子。嗛，指心理上的满足

⑤韶、夏、頀（hù）、武、汋（zhuó）、桓、箾（shuò）、象：这些都是先秦时期较为著名的舞曲及乐章。

⑥敦恶：指人的憎恶、怨恨的情感表达。敦，通“憝”。

⑦视日：指用日期时辰进行吉凶预测的迷信活动。

⑧斋戒：是古代祭祀仪式中的一个重要过程，是要在祭祀前整洁自己的身心，以示虔诚。

⑨修涂：指对祠庙进行修缮。

⑩馈荐：在祭祀过程中进献的各种牺牲、自然收成等祭祀用品。

⑪告祝：古代祭祀中的一种仪式，也就是男巫指着代死者受祭的人祝福主人的过程。

⑫飨（xiǎng）：通“享”，指请鬼神享用各种祭品。

⑬觞（shāng）：本指盛酒的容器，后来指端着觞请人喝酒或自己饮酒。此处指自饮。

【译文】

所谓祭祀，就是为了表达人们对死者的思慕之情。人们的心情因死者的离去而变得郁闷不舒畅，这种情感却又会在意想不到的时候出现。所以，当人们欢欣团聚在一起的时候，那些忠臣孝子就会受到情景的感动，激发出对君主和父母的思念之情。这种感情是非常强烈的，但由于没有祭祀的礼仪，心中那种饱满的真情就会郁结在心中得不到抒发，也会感觉到缺乏必要的礼仪。所以，前代的圣王就制定出祭祀的礼仪，让人们尊敬君主、孝敬父母的礼制得以齐备。所以说：祭祀就是让人们表达思慕之情的方式，是对忠诚信爱敬之情的极致表达，也是对礼制的最高表现形式。如果不是圣人，是无法明白其中的精义所在的。圣人清楚地知道了其中的意思，士君子安心地将其变成现实，百官是将其作为自己的职责所在，百姓则是把它变成了一种风俗。在君子看来，这是一种治理国家的方式；对于百姓来说，它是一种侍奉鬼神的最佳途径。所以钟鼓、管磬、琴瑟、竽笙等乐器所演奏的乐曲，以及韶、夏、頀、武、汋、桓、箾、象等上古时期的音乐、舞蹈，都成为君子表达内心喜悦感情的情感重要形式。穿丧服、持丧杖、住陋屋、喝稀饭、睡草席、枕土块，都成为君子表达内心悲痛情感的重要形式。军队有军队的制度，刑罚有刑罚的等级，都有与其罪行相称的罪名，这是君子为了表达内心憎恶的重要形式。通过占卜选择合适的日子，在斋戒之后打扫房子，在房间里摆放祭祀的几案，摆好祭祀的牺牲祭品，向神灵祷告，就像鬼神真的能来享受一样。各取一点物品前来祭祀，就像鬼神真的能品尝一样。

不让别人代替敬酒，一定要由主人亲自向鬼神敬酒，就像鬼神真的能喝酒一样。宾客走了，主人起身拜送，回来后换回原来的丧服，继续在位置上哭泣，就像亲人的神灵真的会离开一样。悲哀啊！尊敬啊！像侍奉生者一样侍奉死者，就像亡者活着的时候一样对待他，虽然亡者已经无形无影，但这确实是符合礼制规范的。

十四、乐论

【原文】

夫乐者，乐也，人情之所必不免也，故人不能无乐。乐则必发于声音，形于动静，而人之道，声音、动静，性术之变尽是矣。故人不能不乐，乐则不能无形，形而不为道，则不能无乱。先王恶其乱也，故制雅、颂[①]之声以道之，使其声足以乐而不流，使其文足以辨而不諰[②]，使其曲直、繁省、廉肉、节奏，足以感动人之善心，使夫邪污之气无由得接焉。是先王立乐之方也，而墨子非之，奈何！

【注释】

①雅、颂：本是《诗经》中的两类诗，因为诗能入乐，因此这里是指适合在朝廷中演奏的正雅音乐和宗庙祭祀时候演奏的舞曲。

②諰（xǐ）：形容人边想边说的样子，带有内心奸邪的含义。

【译文】

所谓音乐，也就是高兴，是人不可或缺的情感表达。所以，人不可能没有音乐。高兴了就会用歌唱吟咏的方式表达出来，并通过手舞足蹈的动作得以体现，可见，人之所以为人，就是因为能够用声音、举止、性情等不同表现形式的变化，将自己喜怒哀乐的情感表现出来。所以人一定会有快乐的情绪，快乐了一定需要表现出来，如果这种抒发没有遵循道的指引和规范，就可能引发祸乱。上古圣明的君主憎恶祸乱的局面，所以制作了雅、颂等音乐引导人们抒发自己的情感，目的是让人们通过歌声来抒发快乐而不流于淫邪，让人们从歌词中就能明白正确的道理而又不流于放荡，将或婉转或舒扬、或简单或繁复、或清落或圆满、或停顿或加快的变化，都体现在音律上，来感动人的善心，令邪恶肮脏的风气无法进入人们的生活。这就是上古圣贤的君主创立音乐的目的，墨子却要反对音乐，有什么道理呢？

【原文】

故乐在宗庙之中，君臣上下同听之，则莫不和敬；闺门之内，父子兄弟同听之，则莫不和亲；乡里族长①之中，长少同听之，则莫不和顺。故乐者，审一以定和②者也，比③物以饰节④者也，合奏以成文者也，足以率一道⑤，足以治万变⑥。是先王立乐之术也，而墨子非之，奈何！

【注释】

①乡里族长：泛指里弄乡村。乡、里，都是古代的行政单位，《周礼》中规定，每一万两千五百户为一乡，每二十五户为一里，每一百户为一族，但在不同的典籍中，相应的标准有所不同。

②审一以定和：指确定一个高音之后，再以此为中心确定其他的高音。

③比：彼此并列，相互配合。

④饰（chì）节：调整音节。饰，通“饬”，调节、调整。

⑤一道：指存在于世间的用于社会治理的总原则，具体说来，

如“和敬”“和亲”“和顺”等。

⑥万变：也就是指上文中说提到的“声音、动静、性术”等方面的各种变化。

【译文】

所以，在宗庙中演奏音乐，能让一起聆听音乐的君臣上下，变得和谐而又恭敬；在一家之内演奏音乐，能让一起聆听音乐的父子兄弟，变得和睦而相互亲爱；在一族之长的家里演奏音乐，能让一起聆听音乐的年长者和年少者，变得和谐而顺从。所以，音乐就是要审定一个主旋律来确定其他附和的音调，然后通过各种乐器的配合来控制节奏，从而合奏出不同音调而相互和谐的曲子来，这样的音乐是能够用来率领臣民的根本原则，是能够调整不同情感变化的。这就是上古圣贤的君主创立音乐的原则。墨子却要反对音乐，有什么道理呢？

【原文】

故听其雅、颂之声，而志意得广焉；执其干戚，习其俯仰屈伸，而容貌得庄焉；行其缀兆[①]，要其节奏，而行列得正焉，进退得齐焉。故乐者，出所以征诛也，入所以揖让也。征诛揖让，其义[②]一也。出所以征诛，则莫不听从；入所以揖让，则莫不从服。故乐者，天下之大齐也，中和之纪也，人情之所必不免也。是先王立乐之术也。而墨子非之，奈何！

【注释】

①缀兆：指舞蹈过程中在行列中的相对位置。缀，指在行列中的标识。兆，指舞蹈者活动时最外边的界限。

②义：意义，作用。

【译文】

所以，在听到雅、颂等音乐后，人们的志向、心胸就能变得宽广；表演干戚之舞，练习那些俯仰屈伸的舞蹈动作，容貌就能变得庄重；处在舞蹈的行列中，踏着音乐的节奏移动步子，队列就会变得不偏不斜，前进或退后的步伐就能变得整齐一致。所以音乐，在外可以鼓舞将士征伐的勇气，在宗庙祭祀中可以培养人们礼让的品德。但无论是用在鼓舞征伐将士的勇气上，还是用在培养人们的礼让品德上，其作用和意义都是一样的。用于鼓舞将士对外征伐，天下没有人会不听从指挥；用于培养人们的礼让品德，天下没有人会不服从统治。所以音乐就是用来“齐天下”的工具，是要人们遵守中正和平的纲领，也是人类情感中不可或缺的一部分。这就是上古圣贤的君主创立音乐的原则。墨子却要反对音乐，有什么道理呢？

【原文】

夫声乐之入人也深，其化人也速，故先王谨为之文。乐中平，则民和而不流，乐肃庄则民齐而不乱。民和齐则兵劲城固，敌国不敢婴①也。如是，则百姓莫不安其处，乐其乡，以至足其上矣。然后名声于是白，光辉于是大，四海之民莫不愿得以为师。是王者之始也。乐姚冶以险，则民流僈鄙贱矣。流僈则乱，鄙贱则争。乱争则兵弱城犯，敌国危之。如是，则百姓不安其处，不乐其乡，不足其上矣。故礼乐废而邪音起者，危削侮辱之本也。故先王贵礼乐而贱邪音。其在序官也，曰：“修宪命，审诛赏，禁淫声，以时顺修，使夷俗邪音不敢乱雅，太师之事也。”

【注释】

①婴：通“撄”，触碰、触犯。

【译文】

音乐生于人心，感人的力量最深，也能够快速地感化人的情感，因此古代圣明的君主都会谨慎地创作音乐。音乐曲调中正平和，就能让人民和睦而不流于淫，音乐曲风庄正严肃，就会让民众同心同德而不犯上作乱。民众和睦同一、同心同德，就会兵力强盛、城防坚固，就会让敌国不敢轻易进犯。如果能够这样的话，老百姓就会安居乐业、故土难离，从而也能尽心奉养自己的君主。然后，君主就会拥有显著的名声，并且能光大于天下，让全天下的民众没有一个不希望接受这样的君主统治。这样，君主也就开启了称王于天下的序幕。如果音乐变得轻浮而邪恶，那么民众就会变得淫荡而卑贱。如果民众变得淫荡而卑贱，社会就会陷入混乱局面；民众卑鄙而下贱，彼此之间就会发生无休止的争夺。混乱的局面加上彼此争夺不休，就会让国家军事实力衰微、城池陷落，就会受到敌国的威胁。如果这样的话，老百姓就不会安居乐业，就不会安土重迁，也就不再乐于尽心奉送自己的君王。一个国家的礼乐荒废，淫乱奢靡的音乐兴起，是国家衰落、遭受侮辱的重大根源。所以，古代圣明的君主都非常看重礼乐的作用，而鄙视厌弃淫乱奢靡的音乐。在《王制》中就可以看到相关的记载："修正法令制度，审查诗歌乐谱，封禁邪淫的音乐，以时势的需要，整饬音乐篇章的内容，让礼乐免受蛮夷风俗和邪淫音乐的扰乱，这是太师的职责。"

【原文】

且乐也者，和之不可变者也；礼也者，理之不可易者也。乐合同，礼别异。礼乐之统，管乎人心矣。穷①本极变②，乐之情也；著诚去伪，礼之经也。墨子非之，几遇刑也。明王已没，莫之正也。愚者学之，危其身也。君子明乐，乃其德也。乱世恶善，不此听也。於乎哀哉！不得成也。弟子勉学，无所营③也。

【注释】

①穷：穷究，也就是研究最终极的东西、道理。

②变：变化，也就是人因受到感化而改变原有的风俗习惯。

③营：通“荧”，混乱的样子，这里是因受迷惑而混乱的意思。

【译文】

况且所谓音乐，本就是和谐人心、无法变更的根本；所谓礼制，本就是区分等级、无法更换的原则。通过音乐可以让人心变得和谐，通过礼制可以让人显出等级差别。所以，礼乐统一的作用，就是能够掌管人的内心。深入人心并最大限度地改变人的本性，就可以达到音乐的本质；表现人心的真诚并剔除虚伪的成分，就是让礼制永远有用的原则。从这一点上说，墨子反对礼乐，实际上就相当于在犯罪。古代圣明的君主已经死去了，就再也没有人来纠正墨子“非乐”的错误了。不聪明的人贯彻墨子的主张，就会让自己的生命面临危险。贤德的君子彰显音乐的意义，这才是坚守仁德的做法。在秩序混乱社会中的人，总是厌恶善良的品质，不肯听从君子的倡导。真是悲哀啊！这样，音乐的作用就无法得到发挥啊！弟子们还是努力学习吧，不要被墨子反对音乐的说法迷惑了！

十五、解蔽

【原文】

圣人知心术之患，见蔽塞之祸，故无欲无恶，无始无终，无近无远，无博无浅，无古无今，兼陈万物而中县衡[①]焉。是故众异不得相蔽[②]以乱其伦也。

【注释】

①中县（xuán）衡：在其中确定一定的标准做权衡。县，通“悬”。衡，秤，也就是衡量事物时所用的标准。

②相蔽：即“互相为蔽”，因双方相互交叉而造成的蒙蔽，也就是一个侧面被另一个侧面遮蔽、掩盖的情况。

【译文】

圣人知道思想方法偏颇的坏处，是因为看到了心智蒙蔽的祸害，所以对一样东西既不会表现出特别的喜好，也不会特别憎恶，不会只强调开始的作用，也不会只看到结果的重要，不会急功近利，也不会看得特别长远，不会只讲求博大，也不会过分强调浅薄，不会拘泥于古代，也不会只知道现在，而是会把各种事物和情况都并列在一起，并确定正确的标准予以权衡。这样就是为了不因为众多的差异和对立，造成认识上片面的理解，以致扰乱事物本身的秩序。

【原文】

何谓衡？曰：道[①]。故心不可以不知道。心不知道，则不可道而可非道。人孰欲得恣而守其所不可，以禁其所可？以其不可道之心取人，则必合于不道人，而不知合于道人。以其不可道之心与不道人论道人，乱之本也。夫何以知[②]？曰：心知道，然后可道。可道，然后能守道以禁非道。以其可道之心，取人，则合于道人而不合于不道之人矣。以其可道之心，与道人论非道，治之要也。何患不知？故治之要在于知道。

【注释】

①道：指事物发展过程中所体现出来的根本道理和基本规律，这里指社会治理方面的根本原则。

②知：对遵行基本规律的人进行了解后得到的情况。

故心不可以不知道。心不知道，则不可道而可非道。

【译文】

什么才是正确的标准呢？答案是：道。所以思想上不可以对道缺乏了解。如果对道缺乏了解，就会因为对正确的道不认可而坚持错误的道。又有谁能够忽视自己喜欢做的事情，而去坚持自己不喜欢和不愿意做的事情呢？用与正确的道相违背的标准去选择人才，就一定会选择违背正确的道的人，而与真正奉行正确的道的人失之交臂，用不合乎正确的道的思想与不奉行正确的道的人去谈论奉行正确的道的人，就会成为引发社会混乱的祸根。怎样才能了解奉行正确的道的人呢？答案是：要从思想中了解正确的道，然后才会认同正确的道。认同了正确的道，然后才能遵从道的规范去制止与道相违背的东西。这个时候，用认同正确的道的思想去选择正确的人，才能找到奉行正确的道的人，而不是与违背正确的道的人同流合污。带着这种正确的思想与奉行正确的道的人谈论违背正确的道的人，就抓住了治理国家的关键。如果是这样的话，又何必对无法了解、无法奉行正确的道的人过分担忧呢？所以，治世局面的出现，关键是要真正地了解道的内容。

【原文】

心者，形之君也，而神明之主也，出令而无所受令。自禁也，自使也，自夺也，自取也，自行也，自止也。故口可劫而使墨云，形可劫而使诎申，心不可劫而使易意，是之则受，非之则辞。故曰：心容其择也，无禁必自见[①]，其物也杂博，其情之至也不贰。《诗》云：“采采卷耳[②]，不盈倾筐[③]。嗟我怀人，置[④]彼周行。”倾筐易满也，卷耳易得也，然而不可以贰周行。故曰：心枝则无知，倾则不精，贰则疑惑。壹于道以赞稽之，万物可兼知也。身尽其故则美，类不可两也，故知者择一而壹焉。

【注释】

①自见：自己只见得到自己，自己只看得到自己，也就是“自以为是”的意思。

②卷耳：一种一年生菊科草本植物，其嫩苗可用作蔬菜，其果实呈枣核状，可入药。

③不盈倾筐：总是装不满倾筐，形容心不在焉的样子。倾筐，古人用的一种后高前低、类似簸箕的斜口筐，因筐底浅，所以非常容易装满。

④置（zhì）：放置、搁置。

【译文】

所谓心，就是支配人身体的事物，也是主宰人精神的事物，它只是发布命令而不会接受命令。心无论是受到限制，或是受到役使，或是决定放弃，或是决定接受，或是有所动作，或是自发停止，都是由它自己决定的。所以，尽管嘴巴可以在受到胁迫时缄默不言，身体可以在外力的胁迫下或屈或直，心却无法因为受到胁迫而改变意志，而仍然是自认为正确的就接受，自认为错误的就拒绝。所以说，在接纳外界的事物时，心只选择没有任何限制的东西，而让其中的道理自然而然地体现，虽然其所接纳的事物很驳杂，但心是在心无旁骛地工作，而不会表现得三心二意。所以，《诗经》中说：“采卷耳呀采卷耳，却总也无法装满我的斜口筐。我心里顾念着我心上的人啊，索性把筐搁在了大道上。”即使斜口筐很容易装满，卷耳也非常容易采到，但采卷耳的人这样三心二意，搁在大道上的筐肯定是无法装满的。所以说，心思不专，看事物就一定不会有深入的了解，心思出现了偏斜，就不会得到精当的认识，思想上三心二意就容易产生疑惑。用专一的心态进行考察，就能了解世间万物的本来面目。只有亲自了解了事物的内在，并尽力去做了，才是完美的，认识万事万物的道理，都不能执两端而得，所以有智慧的人会选择其中的一种，并专注于做深入的研究。

【原文】

昔者舜之治天下也，不以事诏①而万物成。处壹危之②，其荣满侧③；养壹之微④，荣矣而未知。故《道经》曰："人心之危，道心之微。"危微之几⑤，惟明君子而后能知之。故人心譬如槃水，正错而勿动，则湛⑥浊在下而清明在上，则足以见须眉而察理矣。微风过之，湛浊动乎下，清明乱于上，则不可以得大形之正也。心亦如是矣。故导之以理，养之以清，物莫之倾，则足以定是非，决嫌疑矣。小物引之则其正外易，其心内倾则不足以决粗理矣。故好书者众矣，而仓颉⑦独传者，壹也；好稼者众矣，而后稷⑧独传者，壹也；好乐者众矣，而夔⑨独传者，壹也；好义者众矣，而舜独传者，壹也。倕⑩作弓，浮游作矢，而羿精于射；奚仲作车，乘杜作乘马，而造父精于御。自古及今，未尝有两而能精者也。曾子曰："是其庭可以搏鼠，恶能与我歌矣！"

【注释】

①不以事诏：指任用贤人的舜不用亲自过问具体事务。

②危：以……为危，指因为心中充满恐惧，所以总是以戒惧的心态看待一切。

③其荣满侧：取得的荣誉被身边的人所称道。

④养壹之微：指修行内心专一的品德，却不容易被别人感知到。

⑤几：非常微小的部分，或者是某种状况发生前的预兆。

⑥湛（chén）：通"沉"，指沉淀到水底的泥污。

⑦仓颉（jié）：相传仓颉曾担任黄帝轩辕氏的史官，并据传是其创造了汉字。但从汉字的发展来看，将仓颉确定为汉字的搜

集整理者则更为可信。

⑧后稷：据说是尧帝时候掌管农业生产的官员，是周族的始祖，名弃。

⑨夔（kuí）：尧、舜时期的乐官，据传其演奏出来的乐曲能让鸟兽随之起舞。

⑩倕（chuí）：尧、舜时期手艺精湛的匠人，据说农具中的耒耜就是他发明的，而弓的发明者是黄帝时代的挥，所以倕只能是弓的改良者。

【译文】

从前舜在位治理天下的时候，不用每件事都告诉手下如何去做，就能把所有的事情办成。因为能专心于道的原则并且能小心翼翼，所以就可获得外在的安荣；如果专心于道，并且用道的原则来滋养自己的内心，从而日渐接近精妙的境地，那就会在不经意间获得内心的安荣。所以《道经》中才说："只有求道的心时时处在危惧之中而变得小心翼翼，得到道的真谛的心才会达到精妙之境。"对于小心翼翼和臻于精妙之间的差别，也许只有明智的君子才能详细地了解。所以，人的心思就像是一盘水，如果把它放平且不去搅动，那么污浊的渣滓就会在下面沉淀，上面的水就会变得清澈而透明，足以用来照清胡须和眉毛，甚至是皮肤上的纹理。微风在水面上吹过，会把沉淀在水底的渣滓从水底泛起，让清澈透明的水重新变浑浊，这样就无法映出人像了。人的思想也正像这盘水。如果能接受正确道理的引导，接受高洁品德的培养，它就能保持端正而不倾斜的状态，可以用来判定是非、决断嫌疑。如果用一点点的小事来扰乱它，让它端正的状态有所改变，那么内心也就会变得倾斜而动摇，连最基本的事理都无法决断。所以，尽管有很多人喜欢写字，但只有仓颉的名声得以流传下来，原因就在于他用心专一；喜欢培育农作物的人有很多，但只有后稷的名声得以流传下来，原因就在于他用心专一；喜欢音乐的人有很多，但只有夔的名声得到了流传，原因就在于他用心专一；喜欢扶持道义的人有很多，但只有舜的名声得以流传下来，原因就在于他用心专一。倕发明了弓，浮游发明了箭，而后羿以善于射箭而闻名；奚仲发明了车，乘杜创造了用四匹马拉车的办法，而造父因为精通驾驭马车而闻名。这也是同样的道理。从古到今，还没有见过能够一心两用而能精通一样事物的人。曾子说："安静的庭院里住着深思的潜修之士，我们怎么能用歌声来扰乱他的静修呢？"

【原文】

空石①之中有人焉，其名曰觙，其为人也，善射以好思。耳目之欲接则败其思，蚊虻②之声闻则挫其精，是以辟耳目之欲，而远蚊虻之声，闲居静思则通。思仁若是，可谓微乎？孟子恶败而出妻，可谓能自强矣，未及思也；有子恶卧而焠掌③，可谓能自忍矣，未及好也。辟耳目之欲，而远蚊虻之声，可谓危矣，未可谓微也。夫微者，至人也。至人也，何强，何忍，何危！故浊明外景④，清明内景。圣人纵其欲，兼其情，而制焉者理矣，夫何强，何忍，何危？故仁者之行道也，无为⑤也；圣人之行道也，无强也。仁者之思也恭，圣者之思也乐。此治心之道也。

【注释】

①空石：一说为"穷石"，曾是后羿的居住地之一，在今山东德州市南。

②虻（méng）：俗称"虻蝇"，一种昆虫，雄性的主要吸食植物的花蜜或汁液，雌性的则吸食人或动物的血液。

③焠（cuì）掌：指用火灼烧手掌。焠，灼烧。

④外景：这里指的是事物外表上显露出来的光泽。

⑤无为：也就是“无所作为”，是顺应自然、不做强行改变的意思。

【译文】

空石城内住着一个人，他的名字叫作觙，生来就喜欢用发散思维猜谜思考。但是他的耳朵一旦接触到音乐、眼睛一旦看到颜色，他的思维就会被打断，即使像蚊子虻蝇发出的微小的声音传到耳朵里，他的精神都会为之涣散。于是，他尽力躲避会让他的思考分散的东西，只有一个人独住，并且安静地思考，才能让自己的思路保持畅通。如果像他这样思考仁，能说是达到了精妙的境界吗？孟子因为担心自己的名声受损而选择了休妻，算得上是比修身稍强的举动，但还是没能到达周全考虑的程度；有子因为担心自己会打瞌睡，所以选择用火烧灼自己的手掌，称得上是可以自我克制的了，但还是无法说明其对读书的爱好。能够躲避耳目的欲望并远离蚊蝇的打扰，算得上是小心翼翼的了，但不能说是通达了精妙。能够通达精妙的人，才算得上是圣人啊。到达圣人境界的人，还需要自我劝勉、自我克制、自我戒惧吗？所以，没有真正了解道的内核的人，只能显露道的表面；而深入了解到道的内核的人，才能发掘出心灵深处的光芒。所以，圣人即便是放纵自己心底的欲望，尽情满足自己情感的需求，也仍然能够将事情管理得井然有序，哪里还需要自我劝勉、自我克制、自我戒惧呢？所以，在推行道的规范上，仁者并不刻意，圣人并不勉强。在思考道的真谛时，仁者态度恭敬而慎重，圣人则愉快而乐在其中。这就是修心的根本方法。

【原文】

为之无益于成也，求之无益于得也，忧戚之无益于几[①]也，则广焉能弃之矣，不以自妨也，不少顷干之胸中。不慕往，不闵来，无邑[②]怜之心，当时则动，物至而应，事起而辨，治乱可否，昭然明矣。

【注释】

①几：通“冀”，希冀、希望，即希望实现自己的愿望。

②邑（yì）：形容因内心愁苦而坐立不安的样子。

【译文】

如果做了而无益于成功，追求了而无益于获得，忧愁了而无益于实现愿望，那么，这样的事情就可以统统抛弃掉，没必要让它们使自己受到妨碍，也没必要让它们扰乱自己的内心。不对过去表示羡慕，不对未来表示忧愁，也不表现出忧愁或怜悯的心情，在合适的时候有所行动，事物到来了就去接应，事情发生了就去处理，如果这样的话，什么是治，什么是乱，什么是合适，什么是不合适，也就显示得明明白白，一清二楚了。

【原文】

周而成，泄而败，明君无之有也。宣而成，隐而败，暗君无之有也。故人君者周，则谗言至矣，直言反矣，小人迩而君子远矣。《诗》云：“墨以为明，狐狸而苍。”此言上幽而下险也。君人者宣则直言至矣，而谗言反[①]矣，君子迩而小人远矣。《诗》云：“明明在下，赫赫在上。”此言上明而下化也。

【注释】

①反：通“返”，返回、回去。

【译文】

因为隐瞒了真相而取得成功，因为泄露了秘密而导致失败，圣明君主的时代不会出现这样的事情。因为裸露了真情而获得成功，因为隐瞒了真相而导致失败，昏庸君主的时代也不会出现这样的事情。所以，如果君主做事喜欢隐蔽真相，谗言就会不请自来，直言就会自动隐匿，结果就是君主近小人而远君子了。《诗经》中说："把黑色的当成光明，黄色也就变成了黑色。"说的就是如果君主昏庸无能，臣子就会变得奸邪而险恶的情况。如果君主能够公正贤明地做事，正言就会不请自来，而谗言就会悄悄地隐匿起来，也就能出现君主近君子而远小人的结果了。《诗经》中说："做臣子的做事能够光明磊落，是因为做君主的能够秉持光明啊。"说的就是君主贤明，臣民就会受到教化。

十六、正名

【原文】

故王者之制名，名定而实辨[①]，道行而志通，则慎率民而一焉。故析辞擅作名以乱正名，使民疑惑，人多辨讼[②]，则谓之大奸，其罪犹为符节、度量之罪也。故其民莫敢托为奇辞以乱正名。故其民悫，悫则易使，易使则公。其民莫敢托为奇辞以乱正名，故壹于道法[③]而谨于循令矣。如是，则其迹长矣。迹长[④]功成，治之极也，是谨于守名约之功也。

今圣王没，名守慢，奇辞起，名实乱，是非之形不明，则虽守法之吏，诵数之儒，亦皆乱也。若有王者起，必将有循于旧名，有作于新名。然则所为有名，与所缘[⑤]以同异，与制名之枢要，不可不察也。

【注释】

①辨：通"辩"，分辩。

②讼：争讼，争辩。

③道法：因循、遵照法度的要求去做。

④迹长：踪迹很长的样子，此处的意思是君主的政治踪迹很长，也就是说其执政时间长。

⑤缘：根据，依从。

【译文】

所以，君主为各种事物制定了名称，名称确定了下来，才能真正分得清各种事物，确定了制定名称的原则，人们也就有了沟通思想的可能，那么君主也就可以谨慎地引导人民遵循各种事物的名称了。这样一来，整日靠玩弄词句、编造事物名称以混淆人们的认识，让困惑的人们为不同的名称而争吵不休的人，就是所谓的奸邪之人，他们所犯的是如同制造假符节和非标准度量衡一样的罪行。所以，老百姓中没有人敢传播各种奇谈怪论来混淆正确的名称，这样人民都变得非常诚实。诚实的人就容易接受统治，容易接受统治的人就能让君主的统治取得成效。老百姓中没有人敢传播各种奇谈怪论来混淆正确的名称，就都能够对法令保持专一的态度并遵循各种法度。这样的话，君主的功绩也就能永世长存了。圣迹长存而功成名就，天下也就达到了治世，这都是因为天下臣民都在严谨地遵守统一名称的结果啊。

如今，圣明的君主已经不在了，统一名称的法令也没有人遵守了，各种奇谈怪论也接连出现，从而让名称与事物之间的关系出现混乱，是非之间的标准也逐渐变得不再明确，面对这样的情况，即便是那些遵守法令的官吏，熟悉典章制度的儒生也都无法说明其中的道理。如果有新的圣明君主出现，也肯定会沿袭部分旧有的名称，并创作部分名称作为补充。但是，为什么各种事物都必须有自己的名称，制定名称需要遵循什么样的依据，以及在制定新的名称时的关键，这些都是必须认真考察明白的问题。

【原文】

“见侮不辱[①]”，“圣人不爱己[②]”，“杀盗非杀人也[③]”，此惑于用名以乱名者也。验之所为有名而观其孰行，则能禁之矣。“山渊平”，“情欲寡”，“刍豢不加甘，大钟不加乐”，此惑于用实以乱名者也。验之所缘以同异而观其孰调，则能禁之矣。“非而谒楹[④]，有牛马非马也”，此惑于用名以乱实者也。验之名约，以其所受悖[⑤]其所辞，则能禁之矣。凡邪说辟言[⑥]之离正道而擅作者，无不类于三惑者矣。故明君知其分而不与辨也。

【注释】

①见侮不辱：即使受到欺侮也不把它看作羞辱。这是宋钘的说法。

②圣人不爱己：圣明的人会因为爱人而不顾及自己的安危。这是墨子的说法。

③杀盗非杀人也：杀死盗贼算不上杀人。这是墨子的说法。

④非而谒楹：这是墨子的说法。墨子认为，箭矢飞过柱子后时间长了就会停止，其实是用推理的方法扰乱事实。非，通“飞”。

⑤悖：违背，违反。

⑥邪说辟言：指邪僻的说法和言辞。辟，邪僻，与“邪”同义。

【译文】

“见侮不辱”，“圣人不爱己”，“杀盗非杀人也”，这些都是通过表面的意思来混淆正确的名称。只要验证一下为什么会出现这样的名称，查看一下如何使用这些名称，就可以禁绝这种说法了。“山渊平”，“情欲寡”，“刍豢不加甘，大钟不加乐”，这些都是用混淆实际情况的方式来让人迷惑的例子。考察这种异同出现的来源，看哪种说法更符合实际，就能够杜绝这些错误了。“非而谒楹，有牛马非马也”，这是用混乱的

凡邪说辟言之离正道而擅作者，无不类于三惑者矣。

名称来让人迷惑的例子。验证它们，只需要用习惯的叫法来考察，用他们所坚持的说法去驳斥他们所反对的观点，也就能够制止这些错误了。凡是那些偏离正道而又擅作主张的错误说法，基本上都可以归为以上三种情况。所以，圣明的君主明白正与邪之间的区别，而不是选择去与之进行争辩。

【原文】

辞让之节得矣，长少之理顺矣，忌讳不称，祆辞不出；以仁心说，以学心听，以公心辨。不动乎众人之非誉，不冶观者之耳目[①]，不赂贵者之权势，不利便辟者[②]之辞，故能处道而不贰，吐而不夺，利而不流，贵公正而贱鄙争，是士君子之辨说也。《诗》曰："长夜漫兮，永思骞兮。大古之不慢兮，礼义之不愆[③]兮，何恤人之言兮！"此之谓也。

【注释】

①冶观者之耳目：犹言"哗众取宠"。冶，通"蛊"，迷惑。

②便辟：身边亲近的人。

③愆（qiān）：罪过，过失。

【译文】

君子的辩说，如果让谦让的品德显现，顺从长幼之序的道理，就不会说忌讳的话，也不会说奇谈怪论；从仁慈的角度讲述自己的说辞，站在学习的角度倾听别人的言论，以公正的标准去辩明是非。不会因为别人的诽谤或夸奖而改变自己的态度，不用漂亮的说辞去迷惑别人，不用贿赂的办法博取高贵者的欢心，不亲近身边花言巧语献媚的人，能做到这些的人，就能坚持正确的道义而不会左顾右盼，能够不因外力的胁迫改变自己的主张，能够驾驭流畅的言辞却不胡言乱讲，能够对公正的言论倍加尊崇而不与粗鄙者争论，这就是士人君子的辩说。古诗中说："在漫漫长夜里，我经常反思自己。没有怠慢上古的道义啊，也不曾有悖于礼义，又何必顾虑别人的议论！”说的就是这个意思。

【原文】

君子之言，涉然而精，俛然[①]而类，差差然[②]而齐。彼正其名，当其辞，以务白其志义者也。彼名辞也者，志义之使也，足以相通则舍之矣；苟之，奸也。故名足以指实，辞足以见极，则舍之矣。外是者谓之讱，是君子之所弃，而愚者拾以为己宝。故愚者之言，芴然[③]而粗，啧然而不类，读读然而沸[④]。彼诱其名，眩其辞，而无深于其志义者也。故穷藉而无极[⑤]，甚劳而无功，贪而无名。故知者之言也，虑之易知也，行之易安也，持之易立也，成则必得其所好而不遇其所恶焉。而愚者反是。《诗》曰：“为鬼为蜮，则不可得，有腼面目，视人罔极。作此好歌，以极反侧。”此之谓也。

【注释】

①俛（miǎn）然：与……相互贴近的样子。俛，通“俯”。

②差差然：形容参差不齐的样子。

③芴（hū）然：形容模糊不清的样子，极言不可捉摸的状况。芴，通“忽”。

④读（tà）諮然而沸：指人声嘈杂就像煮沸了的水一样。读读然，指人多话的样子。

⑤穷藉（jiè）而无极：指用尽了世间的词汇却没能让人看到根本。藉，借用、搬弄词句。极，根本的道理。

【译文】

君子的言谈，深沉而又精粹，能够贴近事情却又不抛弃法度，罗列的事例虽然参差不齐，内核却都能达到一致。他选择正确的名称，运用恰当的言辞，以求让别人明白自己的思想。

那些名称和词句，只是拿来供思想役使，只求能够沟通彼此的思想，这就够了；如果言辞过于枝蔓和标新立异，就要算作邪说了。所以，名称必须能够反映事物的本相，词句必须直达事物的实质，这样的话就可以停止了。脱离这个标准就是故意说一些艰涩难懂的话，这是注定要被君子抛弃的东西，却被愚蠢的人当作宝贝重新捡起来。所以愚蠢的人说的话会显得轻浮且粗鲁，会非常喜欢争吵却吵不出什么头绪，声音杂乱的样子就像煮沸的水。他们用各种诱人的说法，使用绚丽迷人的辞句，却只能表达肤浅的内容。所以，一直在借用各种名称和词句却表达不出终极思想，花费极大的力气却收效甚微，追求高贵的名声却一直得不到。所以，有智慧的人讲出来的言论，理解起来就很容易明白，实行起来就很容易做到，坚持下去就很容易立足，取得成效的话就必定是自己希望而非不希望的结果。但愚蠢的人则恰恰与之相反。《诗经》中说："如果你确实是个鬼怪，那我肯定无法看到你；但你有鼻子有眼，时间久了就一定能看到你。我写下这首好诗歌，就是为了扯掉你反复无常的面具。"说的就是这种情况。

【原文】

性者，天之就也；情者，性之质也；欲者，情之应也。以所欲为可得而求之，情之所必不免也；以为可而道之，知所必出也。故虽为守门，欲不可去，性之具也。虽为天子，欲不可尽。欲虽不可尽，可以近尽也；欲虽不可去，求可节也。所欲虽不可尽，求者犹近尽；欲虽不可去，所求不得，虑者欲节求也。道者，进则近尽，退则节求，天下莫之若也。

【译文】

所谓天性，是人生来具备的东西；所谓情感，也就是天性中最实质的内容；所谓欲望，也就是情感在外界事物上的映射和反映。以为自己希望得到的一定能得到，而选择去追求它，这是人无法避免的一种情感；以为自己希望的结果一定能实现，而选择去实行它，这是人类智慧发展的必然结果。所以，即便是看守庭院的守门人，也会有自己的欲望，这取决于人的天性。即便是一国之君，其欲望也无法完全得到满足。欲望虽然无法完全满足，但可以最接近满足的状态；虽然欲望无法完全抹杀，但可以节制对于欲望的追求。即使欲望得不到完全的满足，追求者有时也仍然会接近完全的满足；虽然欲望无法完全抹杀，但也可能求而不得，智谋之人懂得应该对自己的欲望进行节制。从道的原则上看，能满足欲望时就尽力满足，无法满足时就加以节制，这个原则是天下最好的。

【原文】

心平愉，则色不及佣而可以养目，声不及佣而可以养耳，蔬食[①]菜羹而可以养口，粗布之衣、粗紃之履而可以养体，局[②]室、芦帘、藁[③]蓐、尚机筵而可以养形。故无万物之美而可以养乐，无势列之位而可以养名。如是而加天下焉，其为天下多，其私乐少矣，夫是之谓重己役物。无稽之言[⑤]，不见之行，不闻之谋，君子慎之。

【注释】

①蔬食：即“疏食”，也就是粗茶淡饭。

②局：指空间上的局促、狭窄。

③藁（gǎo）：指各种有秸秆植物的茎秆部分。

④无稽之言：指没有根据的言辞，无法查考的说法。

【译文】

心情平静愉快，即使看到的颜色不能养护双眼，即使听到的声音不能愉悦双耳，粗茶淡饭也可以满足口腹之欲，布衣、麻鞋也能保养身体，简陋的居所也能满足形体的需要。所以，即使不能集合世间万物的美好，也能培养乐观的性情，即使没有高官厚禄，也能够树立自己的声望。如果让这样的人来统治天下，必定是为天下人谋利多而自己享乐少。这也就是所谓“看重自己而能役使万物”的人了。所以，在面对找不到根据的说法，没见过有人做的行为，没听过有人运用的谋略时，君子一定要审慎地对待。

十七、性恶

【原文】

人之性恶，其善者伪也。今人之性，生而有好利焉，顺是，故争夺生而辞让亡焉；生而有疾[1]恶焉，顺是，故残贼生而忠信亡焉；生而有耳目之欲，有好声色焉，顺是，故淫乱生而礼义文理亡焉。然则从人之性，顺人之情，必出于争夺，合于犯分乱理而归于暴。故必将有师法之化礼义之道，然后出于辞让，合于文理，而归于治。用此观之，然则人之性恶明矣，其善者伪也。

【注释】

①疾：通“嫉”，嫉妒。

【译文】

人的天性本来就是恶的，那些表面看起来的善良也只是一种勉励矫正的人为的东西。人的天性，生来就喜好贪求私利，如果任其发展下去，争夺必定会出现，而谦让的美德注定要丧失；人生来就会忌妒仇恨别人，如果任其发展下去，势必会发生肆意残害善良百姓的事情，诚信的美德就会丧失；人生来就具备爱好声色的天性，喜好悦耳的声音，喜欢好看的景象，如果任其发展下去，势必会发生淫乱的事情，礼仪和道德就会走向衰亡。照这样的趋势发展，听任人的天性，顺从人的情欲，势必会出现争夺，引发破坏等级名分和礼制的事情，最终都会引发严重的暴乱。所以必须用师长和法制进行教化，用礼制进行引导，然后才会出现人们彼此谦让的情况，建立起与社会文化相符合的社会秩序，让社会实现稳定。从这个角度上看，人性本恶的道理已经很明白了，那些表面看起来的善良也只是后天人为的东西。

【原文】

故枸①木必将待檃栝、烝②、矫然后直，钝金必将待砻、厉然后利。今人之性恶，必将待师法然后正，得礼义然后治。今人无师法则偏险而不正，无礼义则悖乱而不治。古者圣王以人之性恶，以为偏险而不正，悖乱而不治，是以为之起礼义、制法度，以矫饰③人之情性而正之，以扰化人之情性而导之也。始皆出于治，合于道者也。今之人，化师法，积文学，道礼义者为君子；纵性情，安恣睢而违礼义者为小人。用此观之，然则人之性恶明矣，其善者伪也。

【注释】

①枸（gōu）：通“钩”，弯曲。

②烝（zhēng）：指用蒸气加热使弯曲的木料得以矫形的办法。

③饰：通“饬”，整顿、整治。

【译文】

所以，对于弯曲的木头，一定要用檃栝加以矫正并加热之后才能变得挺直，不锋利的刀剑必须经过磨刀石打磨之后才能变得锋利。如今人天性为恶，必须经过教化之后才能得到纠正，经过礼义的教化之后才能治理。如果不经过师法的教化，就会变得偏邪不正；不通过礼义的规范，就会变得险恶而不端正；不经过礼制的教化，就会发生叛逆作乱的事情，从而让社会陷入动荡。所以，古代圣明的君主认为人的天性就是恶劣的，认为人的天性会因偏邪而变得不端正，从而引发叛逆作乱的行为，让天下秩序因此而变得混乱，所以才制定礼制来对人的性情进行矫正，用教化的方法加以引导并驯服，从而让人们懂得遵守社会秩序并使行为合乎道德的规范。如今，只要是乐于从师法那里接受教化，让自己的学识不断积累，并遵从于礼义规范的约束，就是所谓的“君子”；而只懂得放纵个人的性情，为非作歹，违背礼义规范的约束，就是所谓的“小人”。所以，人性本恶的道理已经很明白了，那些表面看起来的善良也只是后天人为的东西。

【原文】

凡人之欲为善者，为性恶也。夫薄愿厚，恶愿美，狭愿广，贫愿富，贱愿贵，苟无之中者，必求于外；故富而不愿财，贵而不愿势，苟有之中者，必不及于外。用此观之，人之欲为善者，为性恶也。今人之性，固无礼义，故强学而求有之也；性不知礼义，故思虑而求知之也。然则生而已，则人无礼义，不知礼义。人无礼义则乱，不知礼义则悖。然则生而已，则悖乱在己。用此观之，人之性恶明矣，其善者伪也。

【译文】

一般说想做善事的人，正是因为人的天性本来就是恶的。浅薄的人会希望自己变得丰厚，丑恶的人会希望自己变得美丽，狭隘的人会希望自己变得心胸宽大，贫穷的人会希望自己变得富足，卑贱的人会希望自己变得高贵。如果通过自身的努力并没有实现这种变化，他就会向外寻求。所以，生活富足的人不再希望拥有更多的钱财，地位高贵的人不再希望拥有更大的权势，如果本身已经拥有了，自然也就不会再向外寻求了。所以，人想为善的原因，正是人的天性本来就是恶的。人的天性中本来没有礼义规范的内容，所以才要通过后天的努力学习来掌握它。人本来是不懂得礼义规范的，因此必须经过不断地思索和考虑来实现对它的了解。这样，如果只是凭着人的本性选择，人就不会选择礼义规范，当然也就不会明白礼义规范的道理。没有了礼义的规范，社会秩序就会发生紊乱；不明白礼义的内涵，就会做违背事理的事情。所以，如果只凭着人的本性，那么悖乱就会成为人本性的一部分。从这一点看来，人性本恶的道理已经很明白了，那些表面看起来的善良也只是后天人为的东西。

【原文】

孟子曰："人之性善。"曰：是不然。凡古今天下之所谓善者，正理平治也；所谓恶[①]者，偏险悖乱也。是善恶之分也已。今诚以人之性固正理平治邪，则有恶用圣王，恶用礼义矣哉！虽有圣王礼义，将曷加于正理平治也哉！今不然，人之性恶。故古者圣人以人之性恶，以为偏险而不正，悖乱而不治，故为之立君上之势以临之，明礼义以化之，起法正以治之，重刑罚以禁之，使天下皆出于治，合于善也。是圣王之治，而礼义之化也。今当试[②]去君上之势，无礼义之化，去法正之治，无刑罚之禁，倚而观天下民人之相与也，若是，则夫强者害弱而夺之，众者暴寡而哗之，天下悖乱而相亡不待顷矣。用此观之，然则人之性恶明矣，其善者伪也。

【注释】

①恶（wū）：哪里。

②当试：倘使、假如，与"当使"意义、用法相同。

【译文】

孟子说："人的天性是善良的。"答：这种观点是错误的。古今天下所说起的"善"，指的其实是对天理的顺从和端正，对礼

蕭愻

凡古今天下之所谓善者，正理平治也；所谓恶者，偏险悖乱也。

义规范的遵从，以及对社会秩序遵守；所说的“恶”，指的是人性中的偏邪险恶的品质，悖逆作乱的行为，以及对社会秩序的违背等。这就是善良与邪恶之间的区别。如果真的以为人生下来就遵守礼义法度，遵守社会既有秩序，那么还要圣明的君主做什么呢？还要制定各种礼义规范做什么呢？即使有圣明的君王和礼义规范，又能在本来就合乎礼义规范、遵守社会秩序的人身上增加什么呢？如今看来不是这样的了，因为人的天性本来就是恶的。所以，古时候的圣人之所以认为人的天性本来就是恶的，是因为人的天性偏邪而不端正，违背秩序而导致了不安定，所以才需要用树立君主的威势来统治他们，用礼义规范来让他们受到教化，用各种法度来管理他们，用严厉的刑罚惩戒他们违法乱纪的行为，从而让全天下都变得安定而守秩序，从而合乎善良的标准。这就是圣明君王的治理以及礼义规范的教化。如果在今天试着削除君主的威势，罢黜礼义规范的教化，抛弃法制条文的治理，也不用严厉的刑罚去制止违法乱纪的行为，只是静观天下民间的情形变化，那么，就会出现强者欺凌弱者、多数人欺压少数人的情况，时间不长就会出现悖乱并残害彼此的事情。所以，人性本恶的道理已经很明白了，那些表面看起来的善良也只是后天人为的东西。

【原文】

故善言古者必有节于今，善言天者必有征于人。凡论者，贵其有辨①合，有符②验。故坐而言之，起而可设，张而可施行。今孟子曰：“人之性善。”无辨合符验，坐而言之，起而不可设，张而不可施行，岂不过甚矣哉！故性善则去圣王，息礼义矣；性恶则与圣王，贵礼义矣。故檃栝之生，为枸木也；绳墨之起，为不直也；立君上，明礼义，为性恶也。用此观之，然则人之性恶明矣，其善者伪也。

【注释】

①辨：通“别”，即所谓的“别券”“傅别”，是古代的一

种凭证，其两个部分分别由两个人占据，需要验证时就将两张“别券”对合，以辨别其真伪，与现在用骑缝章标记过的票据作用相像。

②符：古代一种出入关口的凭证，为两片写着文字的竹片组成，使用时两人各执一半，需要验证时将两片对合，完全吻合的才有通行资格。

【译文】

所以，喜欢谈论古代圣贤的人，必定会在当今找到合理的验证，喜欢讲论天道的人，必定会在人间找到合理的验证。大凡建言立说，最为可贵的就是从分析与综合中，找到支撑论点的证明和依据。所以，大家都坐下来了就能讨论问题，站起身来就能够设立假设，设立假设的情况后就要尝试推行。如今孟子说：“人的天性是善良的。”结果却没有得到相应的验证，得不到支撑论点的依据，大家只是坐下来谈论它，站起身来却无法进行假设，无法假设自然也就无法推行，这不正说明孟子的观点错得太厉害了吗？所以，如果认为人的天性是善良的，也就不再需要上古圣明的君主，更不需要所谓的礼义规范了。如果认为人的天性本来就是恶的，那就是在赞许圣明君主的意义，进而说明礼义制度的重要。所以，之所以会出现用于矫正弯木的工具，就是因为世间存在着弯曲的木材需要矫正；之所以会出现绳墨工具，就是因为需要对不直的东西设定规范；之所以会设立君主的位置，明确各种礼制，就是因为人的天性本来就是恶的。所以，人性本恶的道理已经很明白了，那些表面看起来的善良也只是后天人为的东西。

【原文】

直木不待檃栝而直者，其性直也；枸木必将待檃栝、烝、矫然后直者，以其性不直也。今人之性恶，必将待圣王之治，礼义之化，然后始出于治，合于善也。用此观之，人之性恶明矣，其善者伪也。

【译文】

本来就挺直的木头，是不需要用矫正工具的，因为它在天性上就是挺直的；弯曲的木材则必须经过矫正工具的矫正，才能重新变得挺直，是因为它在天性上就是弯曲的。如今人的天性也是恶劣的，所以必须经过圣明君王的治理，经过礼义的教化之后，才能形成安定的社会局面，从而让人性符合善良的标准。从这里看，人性本恶的道理已经很明白了，那些表面看起来的善良也只是后天人为的东西。

【原文】

尧问于舜曰："人情何如？"舜对曰："人情甚不美，又何问焉？妻子具而孝衰于亲，嗜欲得而信衰于友，爵禄盈而忠衰于君。人之情乎！人之情乎！甚不美，又何问焉？"唯贤者为不然。有圣人之知者，有士君子之知者，有小人之知者，有役夫之知者：多言则文而类，终日议其所以，言之千举万变，其统类一也，是圣人之知也。少言则径而省，论①而法，若佚之以绳，是士君子之知也。其言也谄，其行也悖②，其举事多悔，是小人之知也。齐给、便敏而无类，杂能、旁魄③而无用，析速、粹④孰而不急，不恤是非，不论曲直，以期胜人为意，是役夫之知也。

【注释】

①论：通"伦"，做事情的条理。

②其言也谄，其行也悖：指小人阳奉阴违的行为。悖，违背。谄，奉承。

③旁魄（bó）：通"磅礴"，形容非常广阔以至于看不到边际的样子。

④粹：通"萃"，汇集、聚集，这里是指搜集、连缀词句。

【译文】

尧问舜道："人的性情到底是怎样的状况？"舜回答道："很不好，又有什么可问的呢？男人有了妻子儿女之后，就不会再像以前那样孝敬父母了，欲望得到满足之后，就不再像以前那样讲求诚信了，取得高官厚禄之后，就不再像以前那样忠诚于君主了。这就是人的性情啊！这就是人的性情啊！很不好，又有什么可问的呢？"天下的人之中，只有有贤才、有德行的人才不是这样的。他们中有的人具有圣人般的智慧，有的人具有士人君子般的智慧，有的人具有小人那样的智慧，也有的人具有地位低下的人那样的智慧。这些人中，有的人言语较多，但说话富有条理，虽然内容驳杂，但是围绕一个中心原则在述说，这样的人具有的就是圣人的智慧。有的人话说较少，但是简明扼要、直截了当，绝不拖泥带水，既充满条理性，又符合法度的规范，这样的人具有的就是士人君子的智慧。有的人说起话来滔滔不绝，但是在行为上悖于常理，他所表现的便是小人的智慧。有的人口齿伶俐却语无伦次，多才多艺却几乎没有什么用处，分析起问题来简单迅速却不能得出急需的方案，不在乎所谓的是非曲直，而总是希望以胜过别人为满足，他所表现的就是地位低下的人的智慧。

十八、宥坐

【原文】

孔子观于鲁桓公之庙，有欹器[①]焉。孔子问于守庙者曰："此为何器？"守庙者曰："此盖为宥坐之器。"孔子曰："吾闻宥坐之器者，虚则欹，中则正，满则覆。"孔子顾谓弟子曰：“注水焉！”弟子挹[2]水而注之。中而正，满而覆，虚而欹。孔子喟然而叹曰：“吁！恶有满而不覆者哉？”

子路曰：“敢问持满有道乎？”孔子曰：“聪明圣知，守之以愚；功被天下，守之以让；勇力抚世，守之以怯；富有四海，守之以谦[3]。此所谓挹而损之之道也。”

【注释】

①欹（qī）器：古代一种非常容易倾斜的器物。欹，通“攲”，倾斜。

②挹（yì）：把液体从容器中舀出来。

③谦：通“廉”，廉洁、节俭的意思。

【译文】

孔子在参观鲁桓公的太庙时，见到庙里摆放着一只倾斜着的容器。孔子问守庙的人：“这是什么容器？”守庙的人说：“这大概是放在君主座位旁边用来警戒自己的容器吧。”孔子说：“我听说过这样的容器，不盛水的时候就会像现在一样倾斜，盛了一半水的时候就会变得端正起来，里边的水全满的时候就会翻倒。”之后，孔子回头对弟子说：“注水吧！”弟子将水注入容器中。注入一半的时候容器就变得端正了，注满水后就翻倒了，在水流尽后就又变得倾斜了。于是，孔子感慨道：“唉！天下哪有满了不翻倒的东西呢？”

子路说：“我想知道，有盈满不翻倒的办法吗？”孔子说：“头脑聪明的智者，会采用笨拙的办法来守护它；功劳惠及天下的人，会表现出谦让的态度来守护它；勇敢有力的人，会用怯懦的方式来守护它；富有天下的人，会用节俭的办法来守护它。这就是不同的人所谓保持盈满不翻倒状态的方法啊。”

【原文】

孔子为鲁摄相，朝七日而诛少正卯[1]。门人进问曰：“夫少正卯，鲁之闻人也。夫子为政而始诛之，得无失乎？”

孔子曰：“居！吾语女其故。人有恶者五，而盗窃不与焉：一曰心达而险，二曰行辟而坚，三曰言伪而辩，四曰记丑而博，五曰顺非而泽。此五者，有一于人，则不得免于君子之诛，而少正卯兼有之。故居处足以聚徒成群，言谈足以饰邪营众，强足以反是独立，此小人之桀雄②也，不可不诛也。是以汤诛尹谐，文王诛潘止，周公诛管叔，太公诛华仕③，管仲诛付里乙，子产诛邓析、史付。此七子者，皆异世同心，不可不诛也。《诗》曰：‘忧心悄悄，愠于群小。’小人成群，斯足忧矣。”

【注释】

①少正卯：春秋时期的鲁国大夫，曾与孔子同时讲学，曾多次将孔子的门徒吸引过去，后来在孔子当上代理宰相后，以“五恶”的罪名被杀。

②桀（jié）雄：指才能超出一般人的人。桀，通“杰”，才能特异的人。雄，杰出而强有力的人。

③华仕：西周初期居住在齐国东部渤海边上的一位隐士，因为只愿意隐居务农而不愿意为臣做官，被姜太公杀掉了。

【译文】

孔子在鲁国担任摄政宰相，上朝听政才七天就要诛杀少正卯。有一个学生拜见孔子说：“少正卯在鲁国是有名的人啊。老师刚刚执掌相权就要把他杀了，是不是弄错了？”

孔子说：“坐下吧！我告诉你这样做的原因。人通常有五种罪恶，但盗窃并不包含在内：一是内心通达但险恶用之，二是行为怪癖却冥顽不灵，三是言语虚伪却善于狡辩，四是记述古怪却非常驳杂，五是顺从错误却又巧言令色。这五种罪恶，一个人只要具备一种，就不会免于君子的诛杀，而少正卯却兼具这五种罪恶。所以，他在家的时候才会聚集起大批徒众，言谈时会掩饰邪恶来迷惑众人，因为颠倒黑白而独树一帜，这正是小人之中的豪杰之人啊，所以不能不杀。正是这样，商汤杀掉了尹谐，武王杀掉了潘止，周公旦杀掉了管叔，姜太公杀掉了华仕，管仲杀掉了付里乙，子产杀掉了邓析、史付。被杀的这七个人，虽然所处的时代有所不同，但同样是内心邪恶的人，所以不能不杀。《诗经》上说：'我之所以暗自忧虑，是因为遭受小人的烦扰。'小人多到成群结队，就会出现让人担忧的事情。"

【原文】

孔子为鲁司寇[①]，有父子讼者，孔子拘之，三月不别。其父请止，孔子舍之。季孙[②]闻之，不说，曰："是老也欺予。语予曰：'为国家必以孝。'今杀一人以戮[③]不孝，又舍之。"冉子以告。

孔子慨然叹曰："呜呼！上失之，下杀之，其可乎？不教其民而听其狱，杀不辜也。三军大败，不可斩也；狱犴[④]不治，不可刑也；罪不在民故也。嫚令谨诛，贼也；今生也有时，敛也无时，暴也；不教而责成功，虐也。已此三者，然后刑可即也。《书》曰：'义刑义杀，勿庸以即，予维曰：未有顺事。'言先教也。

"故先王既陈之以道，上先服之。若不可，尚贤以綦之；若不可，废不能以单[⑤]之。綦三年而百姓往矣。邪民不从，然后俟之以刑，则民知罪矣。《诗》曰：'尹氏大师，维周之氐。秉国之均，四方是维。天子是庳[⑥]，卑民不迷。'是以威厉而不试，刑错而不用。此之谓也。

"今之世则不然。乱其教，繁其刑，其民迷惑而堕焉，则从而制之，是以刑弥繁而邪不胜。三尺之岸而虚车不能登也，百仞之山任负车登焉，何则？陵迟故也。数仞之墙而民不逾也，百仞之山而竖子冯而游焉，陵迟故也。今夫世之陵迟[⑦]亦久矣，而能使民勿逾乎？《诗》曰：‘周道如砥，其直如矢。君子所履，小人所视。眷[8]焉顾之，潸[9]焉出涕。’岂不哀哉？”

【注释】

①司寇：是古代掌管司法的最高官吏，孔子曾于鲁定公九年（公元前501年）至鲁定公十四年（公元前496年）担任此职。

②季孙：季孙氏曾在鲁定公、鲁哀公时期执政，名斯，是鲁桓公少子季友的后代。

③戮：通“僇”，耻辱、羞辱。

④犴（àn）：拘所、拘押犯人的房间。

⑤单：通“惮”，使……害怕。

⑥庳（pí）：通“毗”，辅佐。

⑦陵迟：坡度平缓的样子。喻指政治刑罚状况松弛而不严厉的样子。

⑧眷：因恋恋不舍而不住回头看的样子。

⑨潸（shān）：形容泪流满面的样子。

【译文】

孔子被任命为鲁国主管司法的官员，碰上了一对打官司的父子，于是孔子便将儿子投入监牢，拖了三个月都不肯判决。他的父亲请求撤销诉讼，于是孔子把关在牢里的儿子放了出来。季桓子听说这件事后，非常不高兴地说：“这位老先生是在欺骗我吧！他曾对我说：‘国家治理中一定要运用孝道。’如今，他本来应该杀掉那个儿子，来警戒类似的不孝之子，却将那个人放了。”于是，冉求就把这些话告诉了孔子。

孔子感慨道：“哎呀！如果君主犯了错误，做臣子的就杀掉他，那样能行吗？不去让民众受到教化，而是用监狱来管理自己的民众，这是在滥杀无罪之人啊。如果军队打了败仗，是不可以把士兵全部杀掉的啊；监狱没有整顿好，是不可以对人滥施刑罚的，这是罪责不在于民众的缘故啊。如果法令松弛却采用严厉的刑罚处置，这就是在残害生灵啊；作物的生长是要遵循一定的季节，赋税却不停地在征收，这是残酷的做法啊；不对百姓进行教化却要求他们遵守法度，这是暴虐的做法啊。只有制止了这三种行为，才可以加强刑罚的力量。《尚书》上说：'即使以合宜的标准用刑、杀人，也不能立即付诸实施，我们说的是，还没有把事情妥当处置。'这是说要先对百姓进行教化啊。

"所以，上古的圣王在宣布治国原则的时候，都会对其身体力行。如果不能亲自实行，就会用重视贤明的方式来教导民众；如果这个也不能做到的话，就会通过罢免没有才能的人来威慑他们。这样，经过至多三年时间，百姓就会顺从教化了。如果行为奸邪的人在这个时候还不依从法度，君主就会用刑罚的方式处罚他们，让他们知道自己所犯的罪过。《诗经》上说：'太师尹氏，是周朝的基石。掌握了国家的权力，负责维持天下的稳定。站在天子的身旁辅佐，让民众保持正确的方向。'所以，严肃了权力的威势却不去尝试，设置了严厉的刑罚却不去实施，说的就是这样的道理啊。

"如今的社会却并非如此。教化陷入混乱，刑罚种类繁多，让民众因为迷惑而感到无所适从，所以统治者随意进行制裁，刑罚繁多却无法祛除邪恶。面对着三尺高的陡坡，即使是空车也没法拉上去；面对百丈高的山梁，即使是满载的大车也能爬上去，这是为什么呢？是坡度平缓的缘故啊。大人无法翻越几丈高的围墙，小孩子却能在百丈高的山上游玩，这也是因为山梁坡度平缓啊。如今实行的法度已经相当久了，能让人不有所逾越吗？《诗经》上说：'周代的大道就像磨刀石一样平坦，像箭杆一样笔直。君子可以用行动去实践，小人却只能停下来回头看。留恋那时候的平直大道，回头看时就禁不住流下泪来。'这难道不是非常可悲的事情吗？"

【原文】

《诗》曰："瞻彼日月，悠悠我思。道之云远，曷云能来。"子曰："伊稽首不[①]？其有来乎？"

孔子观于东流之水。子贡问于孔子曰："君子之所以见大水必观焉者，是何？"孔子曰："夫水大，遍与诸生而无为[②]也，似德；其流也埤[③]下，裾拘[④]必循其理，似义；其洸洸[⑤]乎不淈[⑥]尽，似道；若有决行之，其应佚若声响，其赴百仞之谷不惧，似勇；主量必平，似法；盈不求概[⑦]，似正；淖约[⑧]微达，似察；以出以入，以就鲜絜[⑨]，似善化；其万折也必东，似志。是故君子见大水必观焉。"

【注释】

①不（fǒu）：同"否"。

②无为：曾作为古代各个学派思想和政治学说的重要内容，但相互之间的内涵并不相同。孔子所说的"无为"，指的是君主施行德政，用感化人民的方式而非刑治的方式统治人民。

③埤（bēi）：通"卑"，卑微、低下。

④裾拘（jū gōu）：通"倨勾"，指弯曲的形状。古代人根据弯曲的形状和角度，对弯曲的物体有不同的说法，稍有弯曲呈钝角形状的称为"倨"，弯曲较大呈锐角形状的称为"勾"，弯曲成直角形状的称为"矩"。

⑤洸洸（huǎng）：形容水势浩大的样子。

⑥淈（jué）：竭尽。

⑦概：古代在称量谷物时用于刮平斛面的平板。

⑧淖（chuò）约：形容柔弱的样子。淖，通"绰"。

⑨絜（jié）：通"洁"。

【译文】

《诗经》中说："抬头仰望天上的日月，寄予着我深深的思念。道路是如此遥远，他什么时候才能再回来呢？"孔子说：

春巒秀峙
擬大癡子 吳琴木

《诗》曰：『瞻彼日月，悠悠我思。道之云远，曷云能来。』

“她是在真诚地祷告吗？他有回来的消息吗？”

孔子站在江边观看向东流逝的河水。子贡向孔子问道：“君子见到浩大的河流时必定会停下来观看，这是为什么呢？”孔子说：“看那浩大的水流，似乎除了将养育之恩遍洒万物之外就无所作为，就像君子的德行操守一样；它从高处流下，要想利用它的作用就得遵循一定的规律，就像君子遵行的义一样；它浩浩荡荡而奔流不息的样子，永远都没有穷尽，就像君子遵行的道一样；如果打开堵塞的地方让它通行，它就会伴随着声响奔腾向前，即使奔赴百丈深的峡谷也不惧怕，就好像君子的勇敢一样；注入量器之后一定会保持平整，就像君子的法度一样；溢满到容器口，即使不用刮板也很平整，就像君子在彰显公正一样；它虽然柔弱细小但又无微不至，就像洞察了世间万物的道理一样；它容许各种东西经过淘洗而变得洁净鲜美，就像受了君子的教化一样；尽管千回百转但最终还是会东流入海，就像君子的意志一样。所以，君子看见浩大的流水就会驻足在岸边观赏。”

【原文】

孔子曰：“吾有耻也，吾有鄙也，吾有殆也。幼不能强学，老无以教之，吾耻之。去其故乡，事君而达，卒[①]遇故人，曾无旧言，吾鄙之。与小人处者，吾殆之也。”

孔子曰：“如垤[②]而进，吾与之；如丘而止，吾已矣。今学曾未如肬赘[③]，则具然欲为人师。”

【注释】

①卒（cù）：通“猝”，突然，超出预期的样子。

②垤（dié）：蚂蚁堆在洞口的小土堆。

③肬赘（yóu zhuì）：身体上长出的不疼不痒的肉赘，喻指多余而没有作用的部分。

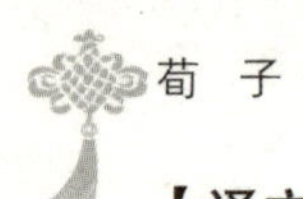

【译文】

孔子说："我因为有些事而感觉到耻辱，我因为有些事而感觉到卑鄙，我因为有些事而感觉到危险。因为年少的时候没有在学习上勤奋努力，所以老了之后也没有可以传授给后代的东西，这是我自以为耻辱的事。很早就离开故乡，去做侍奉君主的事情，因为做官而身份显贵，偶然遇到老朋友后竟然没说怀旧的话，是我自以为卑鄙的事。与小人在一起侍奉君主，是我自以为危险的事。"

孔子说："像蚂蚁在洞口堆小土堆一样，即使成绩很小，只要不断进取，我就赞美他；如果自认为取得了很大的成绩，刚刚取得一点进步就止步不前，那我就不会再赞美他了。就像现在的一些人一样，只学到很少的知识就自我满足，就想着要做别人的老师，这样的人，是不值得赞美的。"

【原文】

孔子南适楚，厄于陈、蔡之间，七日不火食，藜羹不糂[①]，弟子皆有饥色。子路进而问之曰："由闻之：'为善者，天报之以福；为不善者，天报之以祸。'今夫子累德、积义、怀美，行之日久矣，奚居之隐也？"

孔子曰："由不识，吾语女。女以知者为必用邪？王子比干不见剖心乎！女以忠者为必用邪？关龙逢不见刑乎！女以谏者为必用邪？伍子胥不磔[②]姑苏东门外乎！夫遇不遇者，时也；贤不肖者，材也；君子博学深谋不遇时者多矣！由是观之，不遇世者众矣！何独丘也哉？且夫芷兰生于深林，非以无人而不芳。君子之学，非为通也，为穷而不困、忧而意不衰也，知祸福终始而心不惑也。夫贤不肖者，材也；为不为者，人也；遇不遇者，时也；死生者，命也。今有其人不遇其时，虽贤，其能行乎？苟遇其时，何难之有？故君子博学、深谋、修身、端行以俟其时。"

孔子曰："由！居！吾语女。昔晋公子重耳霸心生于曹，越王勾践霸心生于会稽，齐桓公小白霸心生于莒。故居不隐者思不远，身不佚[③]者志不广。女庸安[④]知吾不得之桑落[⑤]之下？"

【注释】

①糂（sǎn）：指将米掺杂在粥里。

②磔（zhé）：古代一种分裂肢体的酷刑。

③佚（yì）：通"逸"，指速度飞快地奔跑。

④庸安：叠义词，怎么。

⑤桑落：语意双关，表面上是指桑树上的叶子都枯黄掉落了，实际上是形容境遇上的艰难、困窘。

【译文】

孔子一行人向南前往楚国的途中，被围困在陈国、蔡国交界的地方，连续七天都没有熟食可以吃，所吃的野菜羹中没有一点米，学生们都面带饥色。于是子路上前向孔子问道："我听说：'对于经常行善的人，上天会降临幸福给他；对于经常作恶的人，上天就降临灾祸给他。'如今老师所积累的功德、奉行的道义、怀有的各种美德，都已经很深厚了，为什么还会遭受这样的窘境呢？"

孔子说："仲由你不知道其中的道理，我来告诉你。你认为有智慧的人一定会受到重用吗？纣王时的王叔比干不是遭受剖腹挖心的酷刑了吗？你认为忠诚于君主的人一定会受到重用吗？关龙逢不是被桀杀害了吗？你认为敢于进谏的人一定会受到重用吗？伍子胥不是被分尸并抛尸于姑苏城外了吗？能否受到君主的赏识，需要的是机遇；能不能积累起个人德才，需要看不同人的资质；在君子之中，很多人博学多识且能深谋远虑，但没有得到受重用的机会。这样看起来，不受赏识的人是非常多的，哪里是只有我孔丘一个人呢？况且，尽管白芷兰在山林的深处生长，但并没有因为不受赏识而不再芳香；君子所积累的才学，也不是为了获得显赫的身份地位，而是为了在境况困窘的时候能不再困顿，当经历忧患时意志不减，明白了祸福死生的道理而不会动摇自己的思想。有没有积累起足够的德才，在于天生的个人资质；做或者不做，则在于各人做出的决定；是否得到君主的赏识，关键是看时机；是死还是生，在于命运。如今的人，有的没能遇上机遇，即使胸怀大志且有能力，他就能有所作为吗？遇到合适的时机，实现起来又有什么困难呢？所以君子一定要有广博的积累，要有深远的考虑，修养自己的心身，端正自己的品行，等待时机的来临。”

孔子又说：“仲由，你坐下吧！我告诉你。从前晋国的公子重耳因受困而在曹国流浪的时候，就产生了创建霸业的雄心，越王勾践在会稽山败于吴王的时候，产生了称霸之心，齐桓公在逃亡莒国的过程中产生了称霸之心。所以，没有经历过窘迫处境的人的思考就不会太远大，没有经历过奔逃的人就不会树立远大的志向。你怎么会知道我就不能实现我的意志呢？”

【原文】

子贡观于鲁庙①之北堂，出而问于孔子曰：“乡者赐观于太庙之北堂，吾亦未辍，还复瞻被九盖②，皆继，彼有说邪？匠过绝邪？”孔子曰：“太庙之堂亦尝有说，官致良工，因丽节文，非无良材也，盖②曰贵文也。”

【注释】

①鲁庙：指鲁国的宗庙，鲁国国君祭祀祖先的地方。

②盖（hé）：通“阖”，门。

【译文】

子贡观看了鲁国宗庙的北堂，出来后向孔子问道：“刚才我被允许参观太庙的北堂，没有停下脚步地看，再去看那九扇门的时候，看到它们都是用一块块的木头拼接起来的，这会有什么讲究吗？是因为木匠的过错而弄断了木材吗？”孔子说：“太庙的北堂当然是有讲究的，负责修筑的官吏招来的工匠技艺精良，能够用木材自身的纹理来拼接文采，所以并不是没有适合的大块木头，大概是因为过于看重文采的缘故吧。”

十九、子道

【原文】

入孝出弟，人之小行也。上顺下笃，人之中行也。从道不从君，从义不从父，人之大行也。若夫志以礼安，言以类使，则儒道毕矣；虽舜，不能加毫末于是矣。

孝子所以不从命有三：从命，则亲危；不从命，则亲安；孝子不从命乃衷[①]。从命，则亲辱；不从命，则亲荣；孝子不从命乃义。从命，则禽兽；不从命，则修饰；孝子不从命乃敬。故可以从而不从，是不子也；未可以从而从，是不衷也。明于从不从之义，而能致恭敬、忠信、端悫以慎行之，则可谓大孝矣。传曰：“从道不从君，从义不从父。”此之谓也。故劳苦彫萃[②]而能无失其敬，灾祸患难而能无失其义，则不幸不顺见恶而能无失其爱，非仁人莫能行。《诗》曰：“孝子不匮。”此之谓也。

【注释】

①衷：通“忠”。

②彫（diāo）萃：通“凋悴”，指人面容憔悴的样子。

【译文】

在家奉养双亲，出门在外则敬爱兄长，是做人做到了初等。对上级态度顺从，对下级朴实厚道，是做人做到了中等。遵从世间的正道却不遵从于君主，遵从道义的要求而不遵从自己的父亲，是做人做到了最高程度。如果能按照礼义规范来树立自己的志向，用法度指导自己的言论，那么，儒家之道也就能够实现了；即便能遇上像舜这样贤明的国君，也无法为之增加丝毫的益处了。

孝子之所以不服从命令有三种原因：服从命令，就会把父母置于危险之下；不服从命令，就能保证父母的安全；那么作为孝子，就把不服从命令当作自己的忠诚。服从命令，就可能让父母遭受耻辱；不服从命令，就能让父母更加光荣，那么孝子不服从命令就是在奉行道义。服从命令，就会让父母表现出禽兽一般的野蛮行为；不服从命令，就会让父母表现出端正、富有修养的行为；那么孝子不服从命令就是对上天的敬畏。所以，本来可以服从而选择不服从，就是没有尽到孝子之道；本来不可以服从而选择了服从，就是不忠于父母的选择。只有明白了这个服从或不服从的道理，并能做到态度恭敬而尊重、行为忠诚而守信、内心正直且老实地谨慎实行，就能够做到“大孝”了。古书上说：“顺从正道的要求而不是选择顺从君主，顺从道义的规范而不是选择顺从父亲的安排。”说的就是这个道理。所以，即便自己经受劳苦而憔悴不堪，也应对父母保持恭敬的态度，即使自己正在经历灾祸患难也对父母遵守应尽的道义，即使因为与父母关系不顺而遭到父母憎恶，也仍然能保持对父母的爱，这些都是不仁德的人无法做到的。《诗经》上说：“孝子的孝行没有穷尽。”说的就是这个道理。

【原文】

鲁哀公问于孔子曰：“子从父命，孝乎？臣从君命，贞乎？”三问，孔子不对[①]。

孔子趋出，以语子贡曰：“乡者，君问丘也，曰：‘子从父命，孝乎？臣从君命，贞乎？’三问而丘不对，赐以为何如？”

子贡曰：“子从父命，孝矣；臣从君命，贞矣。夫子有奚对焉？”

孔子曰：“小人哉，赐不识也！昔万乘之国有争[②]臣四人，则封疆不削；千乘之国有争臣三人，则社稷不危；百乘之家有争臣二人，则宗庙[③]不毁。父有争子，不行无礼；士有争友，不为不义。故子从父，奚子孝？臣从君，奚臣贞？审其所以从之之谓孝、之谓贞也。”

【注释】

①孔子不对：因为孔子反对鲁哀公的意思，却又不好直言反驳，所以不说话以作答。

②争（zhèng）：通“诤”，敢于说真话、直言的人。

③宗庙：是君王祭祀祖先的地方，与“社稷”一起，被置于同等重要的地位，被古代统治者视为政权的象征。

【译文】

鲁哀公问孔子说：“儿子服从于自己的父亲，就是所谓孝顺吗？臣子服从于自己的君主，就是所谓忠贞吗？”连续问了三次，都没有得到孔子的回答。

孔子快步走出朝堂，与子贡说起这件事：“刚才，国君向我问道：‘儿子服从于自己的父亲，就是所谓孝顺吗？臣子服从于自己的君主，就是所谓忠贞吗？’连续问了三次，我也没有回答他，你认为应该怎样回答？”

子贡说：“儿子服从于自己的父亲，我认为就是孝顺了；臣子服从于自己的君主，我认为就是忠贞了。先生又能怎样回答他呢？”

孔子说：“你真是不成熟，不懂其中的道理啊！从前拥有万辆兵车的大国，只要拥有四个敢谏的大臣，它的疆界就不会遭到削减；拥有千辆兵车的诸侯采邑，只要拥有三个敢谏的大臣，它的统治就不会面临危险；拥有百辆兵车的士人大夫之家，只要能有两个敢谏的家臣，宗庙就不会遭到毁灭。父亲有了敢于提出意见的儿子，就不会做出不合礼义规范的事情；士人拥有敢于直言的朋友，就不会去做违反道义的事情。所以，做儿子的一味听从自己的父亲，怎么能说这样的儿子是孝顺呢？做臣子的一味听从于自己的君主，怎么能说这样的臣子是忠贞呢？弄明白了所要听从的是什么，才可以称作是孝顺、忠贞的人。”

【原文】

子路问于孔子曰：“有人于此，夙兴夜寐，耕耘树艺，手足胼胝[①]，以养其亲，然而无孝之名，何也？”

孔子曰：“意者身不敬与！辞不逊与！色不顺与！古之人有言曰：‘衣[②]与缪[③]与，不女聊。’今夙兴夜寐，耕耘树艺，手足胼胝，以养其亲，无此三者，则何为而无孝之名也？意者所友非仁人邪！”

孔子曰：“由，志之！吾语女。虽有国士之力，不能自举其身，非无力也，势不可也。故入而行不修，身之罪也；出而名不章[④]，友之过也。故君子入则笃行，出则友贤，何为而无孝之名也？”

【注释】

①胼胝（pián zhī）：因长期劳动而在手脚上磨起来的老茧。

②衣（yì）：为……穿衣服。

③缪：通“醪（láo）”，汁水和渣滓混合在一起的酒，这里用作动词，为……喂饭。

④章：通“彰”，彰显、使明白。

【译文】

子路问孔子说道："这里有个人，每天都早起晚睡，辛勤地耕种自己的土地，培育地里的幼苗，手脚都磨出了厚厚的老茧，以田里的产出奉养自己的父母，却没有赢得孝顺的名声，这是为什么呢？"

孔子说："可能是他的举止不恭敬吧！也许是他说话不够谦虚吧！也可能是他的脸色不够温顺吧！古人说：'给我穿的啊给我吃的，若不恭敬就不靠你了。'如今那个人并没有不恭敬的举止、不谦虚的言辞、不温顺的脸色这三种行为，但为什么没有孝顺的名声呢？或许是因为没有交到仁德之人做朋友吧！"

孔子又说："仲由，记住，我告诉你。就算是全国最出名的大力士，也没办法举起自己的身体，并不是因为没有力气，而是因为客观的情况不允许。所以，君子在家里的时候不整饬自己的举止，是自己的罪过；在家之外的地方没有显扬的名声，就是朋友的罪过了。所以，君子在家的时候就培养忠诚厚道的行为，出门在外就与仁德之人做朋友。做到了这些，怎么会不被人称为孝顺呢？"

【原文】

子路问于孔子曰："鲁大夫练[①]而床，礼邪？"孔子曰："吾不知也。"

子路出，谓子贡曰："吾以夫子为无所不知，夫子徒[②]有所不知。"子贡曰："女何问哉？"子路曰："由问：'鲁大夫练而床，礼邪？'夫子曰：'吾不知也。'"子贡曰："吾将为女问之。"

子贡问曰："练而床，礼邪？"孔子曰："非礼也。"

子贡出，谓子路曰："女谓夫子为有所不知乎？夫子徒无所不知。女问非也。礼，居是邑，不非其大夫。"

【注释】

①练：一种白色的熟绢，常被古人用作丧服。

②徒：偏偏。

【译文】

子路向孔子问道："鲁国的大夫在应该披戴白绢祭祀父母周年的时候却躺在床上睡觉，这样的行为符合礼制吗？"孔子说："我不知道。"

子路从孔子那里离开后，对子贡说："我以为先生什么都知道，却偏偏有先生不知道的。"子贡说："你问先生什么了？"子路说："我问先生：'鲁国的大夫在应该披戴白绢祭祀父母周年的时候却躺在床上睡觉，这样的行为符合礼制吗？'先生说：'我不知道。'"子贡说："我稍后帮你去问问这件事。"

子贡向孔子问道："在应该披戴白绢祭祀父母周年的时候却躺在床上睡觉，这样的行为符合礼制吗？"孔子说："不合礼。"

子贡出来之后，对子路说："你说有先生不知道的事吗？却偏偏没有先生不知道的事情。是因为你问的方式不对啊。就像根据礼制，你现在住在这个城邑里，就不要非议管理这个城邑的大夫一样。"

【原文】

子路盛服而见孔子，孔子曰："由，是裾裾①，何也？昔者江出于岷山，其始出也，其源可以滥觞，及其至江之津也，不放②舟，不避风，则不可涉也，非维下流水多邪？今女衣服既盛，颜色充盈，天下且孰肯谏女矣？由！"

子路趋而出，改服而入，盖犹若也。孔子曰："志之！吾语女。奋于言者华③，奋于行者伐。色知而有能者，小人也。故君子知之曰知之，不知曰不知，言之要也；能之曰能之，不能曰不能，行之至也。言要则知，行至则仁。既知且仁，夫恶有不足矣哉？”

【注释】

①裾（jū）裾：形容衣装整洁的样子。裾，古代衣服的前襟。

②放：通“方”，意同“傍”，指相互依靠在一起的意思。

③华：通“哗”，原指美丽事物的附属物，起修饰衬托作用的，此处指言辞浮夸的样子。

【译文】

子路穿戴着节日的盛装去见孔子，孔子说：“仲由，你穿戴得这样衣冠楚楚，是什么原因呢？长江从岷山发源，开始流出来时，源头小得只能浮起酒杯，等到它流经渡口的时候，就已经大到了不把船聚在一起，不躲避大风天气，就无法横渡到对岸去的地步，这难道不是因为下游水流更大的缘故吗？现在你穿上这么庄重的衣服，脸上又现出十足的神气，天下还能有什么人愿意规劝你呢？”

于是，子路快步走出去，换了衣服再来面见孔子，显得舒缓而柔顺了。孔子说：“仲由啊，你要记住！我告诉你。说话时趾高气扬的人往往只会夸夸其谈，行动时趾高气扬的人往往只会自我炫耀。向别人百般显示自己的知识和才能的，就称得上是小人啊。所以，君子对于知道的事情就说知道，对于不知道的事情就说不知道，这是说话时应该遵守的规范；对于能够做到的事情就说做得到，不能够做到的事情就说做不到，这是行动时应该遵守的规范。说话最关键的是要明智，行动最关键的是要有仁德。做到了明智而又有仁德之心，这样的人还能有什么不足之处呢？”

【原文】

子路入。子曰：“由！知者若何？仁者若何？”子路对曰：“知者使人知己，仁者使人爱己。”子曰：“可谓士矣。”

子贡入。子曰："赐！知者若何？仁者若何。"子贡对曰："知者知人，仁者爱人。"子曰："可谓士君子矣。"

颜渊入。子曰："回！知者若何？仁者若何？"颜渊对曰："知者自知，仁者自爱。"子曰："可谓明君子矣。"

子路问于孔子曰："君子亦有忧乎？"孔子曰："君子，其未得也，则乐其意；既已得之，又乐其治。是以有终身之乐，无一日之忧。小人者，其未得也，则忧不得；既已得之，又恐失之。是以有终身之忧，无一日之乐也。"

【译文】

子路进来拜见孔子。孔子问："仲由！有智慧的人是什么样的？有仁德的人是什么样的？"子路答道："有智慧的人是能让别人了解自己的人，有仁德的人是能让别人爱护自己的人。"孔子说："你可以做士人了。"

子贡进来拜见孔子。孔子问："端木赐！有智慧的人是什么样的？有仁德的人是什么样的？"子贡答道："有智慧的人是能了解别人的人，有仁德的人是能爱护别人的人。"孔子说："你可以做士君子了。"

颜渊进来拜见孔子。孔子问："颜回！有智慧的人是什么样的？有仁德的人是什么样的？"颜渊答道："有智慧的人是有自知之明的人，有仁德的人是能自尊自爱的人。"孔子说："你可以做贤明的君子了。"

子路向孔子问道："君子也有值得忧虑的事情吗？"孔子说："君子，在还没有得到职位之前，会因为自己的德行修养而高兴；在得到职位之后，又会因为自己能有所作为而高兴。因此，君子能找到保持一辈子的快乐，而不会产生一天的忧虑。至于小人，则会在没有得到高位之前，会担忧自己得不到；在得到职位之后，又会担忧自己会失去它。所以，小人会一辈子都在忧虑，而没有一天的快乐。"